西安外国语大学学术著作出版专项资助

窦睿音　著

京津冀城市群制造业时空格局演化与影响因素研究

东北大学出版社
·沈　阳·

图书在版编目（CIP）数据

京津冀城市群制造业时空格局演化与影响因素研究 / 窦睿音著. — 沈阳：东北大学出版社，2022.10

ISBN 978-7-5517-3161-4

Ⅰ. ①京… Ⅱ. ①窦… Ⅲ. ①制造工业—产业发展—研究—华北地区 Ⅳ. ①F426.4

中国版本图书馆 CIP 数据核字（2022）第 193473 号

出 版 者：东北大学出版社
地址：沈阳市和平区文化路三号巷 11 号
邮编：110819
电话：024-83680176（总编室）　83687331（营销部）
传真：024-83687332（总编室）　83680180（营销部）
网址：http://www.neupress.com
E-mail: neuph@neupress.com
印 刷 者：沈阳市美图艺术印刷有限公司
发 行 者：东北大学出版社
幅面尺寸：170 mm×240 mm
印　　张：11
字　　数：175 千字
出版时间：2022 年 10 月第 1 版
印刷时间：2022 年 10 月第 1 次印刷
责任编辑：潘佳宁
责任校对：杨　坤
封面设计：潘正一

ISBN 978-7-5517-3161-4　　定　价：69.00 元

前　言

城市群是城镇化发展到一定阶段的客观产物，是区域城市化和区域经济发展到较高阶段形成的新经济地理单元，中国已经全面进入到以城市群引领区域发展的新经济格局时代。京津冀城市群作为由北京、天津与河北省共同组成的城市群，由于行政级别差异巨大，城市群的一体化发展速率相较于长三角城市群和珠三角城市群仍然较慢，其中尤其以经济一体化的发展更为明显。制造业作为经济发展的支柱产业之一，是推动京津冀城市群经济高质量发展的重要抓手，但是由于京津冀城市群内不同城市之间特殊的发展定位，制造业发展要素的流动并不完全符合市场发展规律，此外大城市的虹吸效应也进一步加剧了京津冀城市群内各城市制造业的发展差异。对于制造业布局进行调整的目的是促进区域要素合理配置、平衡区域发展差异、疏解大城市病、提高公共服务均衡化，从而加快发达地区对欠发达地区的有效带动。通过京津冀城市群制造业的协同发展，可实现京津冀区域经济一体化，加快推动京津冀城市群融入全球制造业产业分工，加快提升京津冀城市群的国际竞争力。

本书的研究对象是京津冀城市群13座城市的制造业及其细分的28个子行业，研究内容是制造业时空演化特征及制造业集聚与转移的影响因素，研究目标是促进各城市制造业之间的协同发展。首先描述京津冀城市群制造业的发展沿革；之后对京津冀城市群整体以及城市群内13座城市在近年来制造业的时空演化情况进行对比分析，梳理京津冀城市群制造业在各区域发展特征和演变规律的差异情况，并对京津冀城市群内各城市制造业的相互联系强度进行分析，探讨不同城市之间的制造业关联情况，从空间维度刻画京津冀城市群的制造业演变特点；在此基础上，分别对不同区域和不同生产要素下京津冀城市群影响制造业时空演化格局的因素进行实证辨析；最后基于上述研究，为京津冀城市群制造业分工与布局提出协同发展的对策建议。

本书认为，从顶层设计统筹考虑京津冀城市群制造业的分工与布局，应重点加强以下几方面建设：一是党政共建统筹谋划，完善体制机制建设，引领城市群协同发展新篇章；二是加快培育新增长极，引导要素从北京—天津两极向其他区域转移；三是扩大城市规模，增加市场需求，构建合理城镇体系；四是以人才集聚带动科研水平提升，加快释放制造业创新发展内生动力；五是加快推进以交通设施为主体的基础设施一体化建设，促进区域联系。

对于京津冀城市群内不同城市的制造业协同发展来说，北京应建设以总部经济为引领的现代制造业发展基地；天津需要进一步营造创新发展环境，推动“天津制造”走向“天津智造”；承德可以搭建以劳动密集型制造业为骨架的多元化制造业发展格局；张家口应借助充裕的光能、风能，打造以新能源产业为依托的现代制造业发展基地；秦皇岛需要进一步发展以港口经济为依托的装备制造业基地；沧州需要持续发挥制造业积累优势，扩大以资源密集型产业为依托的重化工制造业基地发展规模；保定可以打造为京津冀城市群技术密集型制造业发展新基地；石家庄则应充分发挥省会优势，建设城市群战略新兴制造业发展高地；廊坊应进一步作为京津冀城市群技术密集型制造业承接试验区；唐山在发挥传统资源优势的基础上，率先建设成全国钢铁产业转型示范区；邯郸应依托资源优势，培育专用设备制造业，打造成京津冀城市群向中国中西部开放发展的桥头堡；邢台应建设以新能源汽车为依托的新兴产业发展基地；衡水有必要进一步加快资源密集型和劳动密集型制造业的产业集群发展。

著　者

2022年3月

目录
CONTENTS

第1章　绪论

1.1　研究背景与意义

1.1.1　选题背景

城市群是城镇化发展到一定阶段的客观产物，是在一定的地理空间内，以一个（或几个）特大城市（或超大城市）为核心，以主要交通轴线为纽带，由若干不同规模等级、不同类型性质的城市构成的，具有紧密发展联系的城市密集区；是区域城市化和区域经济发展到较高阶段形成的新经济地理单元。从世界经济演化格局来看，城市群是国家参与全球竞争与国际分工的全新地域单元，以城市群为依托的城市集合体对一个国家经济发展的贡献率要远超过相互独立的城市经济结构（方创琳，2018；王玉海，2019）。当前，国家重点建设的城市群有包括长三角、珠三角、京津冀、成渝、长江中游等在内的19个城市群，这些城市群以25%的土地集聚了中国75%的人口，创造了中国88%的GDP，其中城镇人口占比78%，对于促进中国经济发展、推动新型城镇化建设起到决定性作用。

在我国众多的城市群中，覆盖范围包括北京、天津以及河北省的石家庄、保定、唐山、秦皇岛、廊坊、张家口、承德、沧州、邯郸、邢台、衡水共13座城市的京津冀城市群由于独特的地理区位和政治地位，在我国的经济发展格局中一直备受国家和社会各界关注。2014年2月26日，习近平总书记在北京考察时提出京津冀协同发展战略，自此，京津冀协同发展上升为国家重要发展战略。同年，国务院成立京津冀协同发展领导小组，为京津冀协同发展提供了组织上的保障。2015年4月底，中共中央政治局审议通过《京津冀协同发展规划纲要》，明确了京津冀整体和京津冀三地各自的发展定位，明确了布局思路和空间架构。2016年2月印发实施的《“十三五”时期京津冀国民经济和社会发展规划》标志着京津冀区域协调发展的顶层设计进入制度创新阶段。

京津冀区域协同发展包括经济、基础设施、公共服务、区域治理等多个领域的均衡发展（如图1–1所示），但是京津冀城市群由于覆盖北京、天津2座直辖市，以及河北省的11座城市，缺乏珠三角城市群行政系统同属一省那样的共同利害关系，也缺少长三角城市群区域系统以上海为绝对中心来协调整个区域的内在凝聚力。此外，由于京津冀城市群内省市之间的行政藩篱阻碍仍然存在，近年来，京津冀城市群的协同发展始

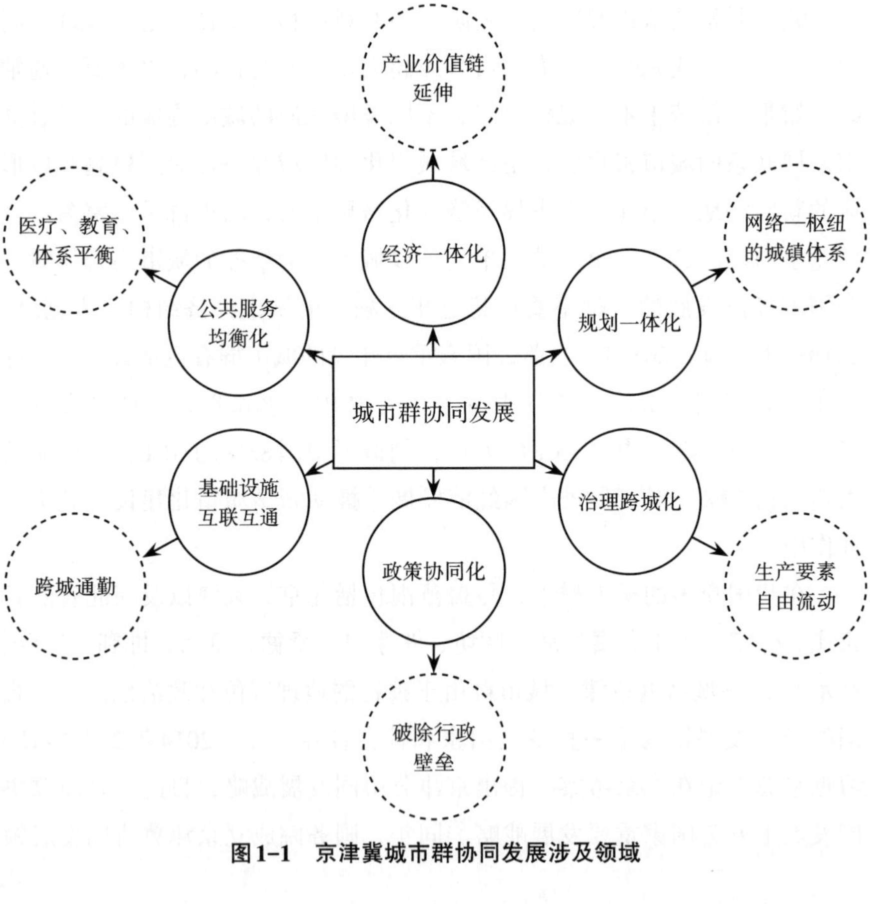

图1–1　京津冀城市群协同发展涉及领域

终无法得到彻底落实。按照城市群的成长阶段不同，城市群可以划分为雏形发育期、快速发育期、趋于成熟期、成熟发展期四个阶段，参考恒大研究院在2019年4月《中国城市发展潜力排名：2019》研究报告，当前中国城市群中，仅有长三角和珠三角城市群进入趋于成熟期，京津冀作为中国北方地区最大的城市群，也只处在快速发育阶段。相较于长三角和珠三角城市群，京津冀城市群在产业有序分工、公共服务均等化、交通一体化、政策协同发展等方面仍存在一定的短板。

产业作为推动区域经济发展的基础，产业的有序分工能够促进区域要素合理配置、平衡区域发展差异、疏解大城市病、提高公共服务均衡化，对于促进区域整体协同发展意义重大。京津冀城市群的经济体量虽然目前在中国所有城市群中排名仅次于长三角城市群，但是产业的不合理配置依然制约了其可持续发展的能力。制造业作为京津冀城市群的支柱产业之一，是拉动京津冀城市群经济发展的主要动力，一方面是因为作为可贸易品的生产部门，制造业的空间分布更易受到经济地理、新经济地理因素的影响而形成集中，相比较而言，服务业由于存在大量不可贸易品的生产部门，集聚的趋势较弱；另一方面，更为重要的是，制造业不仅在京津冀城市群内吸收和创造了大量就业，同时能够推动城市群经济发展和技术创新，是保持京津冀城市群经济竞争力的核心因素之一（高虹，2019）。因而，京津冀城市群制造业的协同发展是产业协同发展的主要动力。

近年来，随着国内外经济形势不断变革，全球各区域都在积极参与国际产业分工，国内外对于京津冀城市群制造业的投资趋势有所放缓。此外，随着国内外消费市场的疲软、生态环境保护压力加剧、能源价格的持续波动，京津冀城市群内传统的钢铁、化学纤维、建材等优势制造业发展受阻，城市群正处于传统制造业转型升级与新兴制造业培育发展阶段。在当前制造业转型发展的关键期，北京、天津等超大城市要疏解非必要的传统制造业，培育战略新兴产业；河北省各市应积极承接北京、天津、石家庄等市制造业的转移从而壮大自身的经济结构，可以通过京津冀城市群内部制造业的集聚与转移实现制造业的合理分工，促进制造业形成合力，实现京津冀城市群制造业的协同发展。

1.1.2 研究意义

1.1.2.1 有利于巩固中国T字形经济格局

京津冀城市群在新中国成立之初到改革开放这一时期始终是中国经济的增长极之一。改革开放之后，以广州—深圳为核心的珠三角地区逐渐成为中国经济发展的前沿和高地。随着中国产业结构的优化升级，以县域经济为依托、创新产业为抓手的经济发展形式快速成熟，长三角城市群逐渐由上海单核经济结构演化成为上海—杭州—南京“1+2”式的城市群经济结构，也成为目前中国经济体量最大的经济区。随着上海、杭州和南京对于长三角周边地区的辐射能力不断增强，借助长江便捷的水路交通体系，连接起的安徽、江西、湖北、重庆、四川、云南和贵州等11省、直辖市的长江经济带正发展成为具有全球影响力的内河经济带（陆大道，2018）。至此，中国的区域经济发展基本形成了以京津冀、长三角、珠三角和长江中游经济带为框架的T字形经济格局。但是近年来，京津冀城市群由于各方面制约因素，经济协同发展水平明显低于其他城市群，这有可能会减弱京津冀城市群的可持续发展能力。通过对于京津冀城市群制造业协同发展的相关研究，对于统筹城市群内的产业发展，促进各项要素在不同城市之间高效流动，推动城市群形成发展合力，构筑中国更为牢固的T字形经济格局意义重大。

1.1.2.2 有利于破解京津冀经济一体化发展制约瓶颈

京津冀一体化从概念的提出发展到今日，北京与天津、保定、石家庄等地通过高铁的连接基本实现了交通一体化甚至同城化。但是经济一体化却远远落后于长三角和珠三角地区，三省市产业发展差异巨大，缺乏对产业分工的深层研究，造成产业的转移与布局不符合市场规律，因而加剧了城市群内各城市一体化发展的难度。本书通过对京津冀城市群各城市的制造业发展状况进行一次系统梳理，在此基础上结合各城市的实际特点对北京、天津的部分制造业向河北省有序转移，同时为各个城市有针对性地提出特色产业发展建议并规划发展路径，对于破解目前京津冀城市群经济一体化发展困境、推动城市群协同发展具有重要的理论和现实意义。

1.1.2.3　有利于推进京津冀内部各城市的均衡发展

京津冀城市群发展的主要问题是区域发展不协调与不充分。北京、天津作为京津冀城市群内两大核心城市，对于城市群内其他城市的虹吸效应明显，环北京和天津的保定、廊坊、张家口等地由于缺乏生产要素，发展速率更加缓慢。由于历史原因，京津冀城市群内各城市的经济体量差异巨大，城市经济发展的差异会导致城市建设与公共服务资源的失衡，城市的吸引力将进一步下降。通过制造业带动产业的均衡协同发展，既可以通过产业转移的方式分散人流，缓解大都市的城市病，也可以促进外围城市的经济发展，协调区域之间的发展差异，促进京津冀城市群的良性循环。

1.2　研究对象界定

本书的研究对象是京津冀城市群13座城市的制造业，研究内容是制造业时空演化特征及制造业集聚与转移的影响因素，研究目标是各城市制造业之间的协同发展。制造业作为产业部门中最重要的核心产业之一，是各国（地区）经济发展的主要动力，即使进入到信息化社会，制造业依然是各地区经济发展的基础产业和主导部门。制造业一般是指对各类原材料进行加工和再加工以及对零部件进行装配的工业部门（初玉岗，2003），它负责生产人们生产和生活所需的各种工业品和日用消费品，随着社会经济活动的持续发展，人们在生产生活中，对于制造业的产品需求也在不断更替变化，制造业中的各类行业也为顺应市场需求持续革新，因此中国的制造业在《国民经济行业分类》中的目录也有一定的变动。从1984年开始，中国首次制定国民经济行业分类的标准《国民经济行业分类与代码（GB/T 4754—84）》，其后经历了四次修订，分别是1994年修订的《国民经济行业分类与代码（GB/T 4754—94）》、2002年修订的《国民经济行业分类与代码（GB/T 4754—2002）》、2011年修订的《国民经济行业分类与代码（GB/T 4754—2011）》和2017年修订的《国民经济行业分类与代码（GB/T 4754—2017）》。在1985—1994年，制造业各行业按照《国民经济行业分类与代码（GB/T 4754—84）》标准进行分类；1995—2002年制造业各行业按照《国民经济行业分类与代码（GB/T 4754—94）》的分类进行分析；2003—2011年的制造业各行业数据是按照《国民经济行业分类与代码（GB/T 4754—2011）》标准采集的；2012—2017年时期的数据则采用《国民经济行业分类与代码（GB/T 4754—2011）》的标准。

本书在进行数据分析时以二位数制造业的各行业大类为研究对象，在进行制造业分行业分析时，选用2017年最新修订的《国民经济行业分类与代码（GB/T 4754—2017）》标准，为方便进行各年度同行业之间的比较分析，2002年以前的数据中去掉武器弹药制品业的数据，将2011年以前年份的橡胶制品业和塑料制品业进行数据合并。此外，由于部分城市在其他制造业、废弃资源综合利用业、金属制品维修等相关制造业的统计缺失情况较为严重，为保证数据的连贯性与准确性，本书未将这3项制造业纳入研究范围。经过合并、删减处理，本研究考查的京津冀城市群制造业二位数行业共有28类，具体行业如表1-1所示。

表1-1　京津冀城市群制造业二位数行业及代码

代码	子行业	代码	子行业	代码	子行业
C13	农副食品加工业	C18	纺织服装、服饰业	C23	印刷和记录媒介复制业
C14	食品制造业	C19	皮革、毛皮、羽毛及其制品和制鞋业	C24	文教、工美、体育和娱乐用品制造业
C15	酒、饮料和精制茶制造业	C20	木材加工和木、竹、藤、棕、草制品业	C25	石油加工、炼焦和核燃料加工业
C16	烟草制品业	C21	家具制造业	C26	化学原料和化学制品制造业
C17	纺织业	C22	造纸和纸制品业	C27	医药制造业

表1-1（续）

代码	子行业	代码	子行业	代码	子行业
C28	化学纤维制造业	C33	金属制品业	C37	铁路、船舶、航空航天和其他运输设备制造业
C29	橡胶和塑料制品业	C34	通用设备制造业	C38	电气机械和器材制造业
C30	非金属矿物制品业	C35	专用设备制造业	C39	计算机、通信和其他电子设备制造业
C31	黑色金属冶炼和压延加工业	C36	汽车制造业	C40	仪器仪表制造业
C32	有色金属冶炼和压延加工业				

资料来源：《国民经济行业分类与代码（GB/T 4754—2017）》整理。

进一步地，根据制造业主要投入生产要素的不同，本书参照沈能等人（2014）、徐维祥等人（2019）的研究，按要素密集度将中国二位数制造业行业划分为劳动密集型、资本密集型、技术密集型及资源密集型4种类型的分类方法，将不同类型制造业企业进行归类，具体分类详见表1-2。

表1-2 京津冀城市群不同类型制造业内子行业分类

类别	数量	细分子行业（代码）
劳动密集型	10	农副食品加工业（C13），食品制造业（C14），酒、饮料和精制茶制造业（C15），纺织业（C17），纺织服装、服饰业（C18），皮革、毛皮、羽毛及其制品和制鞋业（C19），家具制造业（C21），造纸和纸制品业（C22），印刷和记录媒介复制业（C23），文教、工美、体育和娱乐用品制造业（C24）
资本密集型	5	烟草制品业（C16），木材加工和木、竹、藤、棕、草制品业（C20），化学纤维制造业（C28），黑色金属冶炼和压延加工业（C31），有色金属冶炼和压延加工业（C32）

表1-2（续）

类别	数量	细分子行业（代码）
技术密集型	9	化学原料和化学制品制造业（C26），医药制造业（C27），通用设备制造业（C34），专用设备制造业（C35），汽车制造业（C36），铁路、船舶、航空航天和其他运输设备制造业（C37），电气机械和器材制造业（C38），计算机、通信和其他电子设备制造业（C39），仪器仪表制造业（C40）
资源密集型	4	石油加工、炼焦和核燃料加工业（C25），橡胶和塑料制品业（C29），非金属矿物制品业（C30），金属制品业（C33）

资料来源：《国民经济行业分类与代码（GB/T 4754—2017）》整理。

1.3 研究框架与技术路线图

1.3.1 研究框架

1.3.1.1 京津冀城市群制造业发展历史脉络梳理

从整体到局部、从宏观到微观、从历史到现实系统梳理了京津冀城市群制造业的发展脉络，并通过探讨京津冀城市群工业发展与中国工业发展的关系、京津冀城市群制造业发展的历史进程，剖析京津冀城市群制造业发展的主要特点，为下一步城市群制造业的有序分工与转移、加快城市群制造业融入国际制造业产业分工、提升京津冀城市群制造业国际竞争力奠定研究基础。

1.3.1.2 产业视角下的京津冀城市群内制造业时空演化特征

从时间与空间两个维度，对2000年以来京津冀城市群制造业发展的时空演化特征进行刻画。选取区位熵与产业集中率探讨城市群内不同城市制造业下各行业部门的分工演化特征，识别京津冀城市群制造业内各子行业的发展优劣与产业集中分布情况。在此基础上，利用偏离—份额法对京津冀城市群制造业的行业结构优劣与竞争力强弱进行讨论。

1.3.1.3 京津冀城市群内各城市制造业的空间联系强度分析

相较于长三角城市群和珠三角城市群，京津冀城市群目前最主要的问题便是一体化程度较低，城市群内各城市之间缺乏行之有效的协调发展机制。“贪大求全”的产业发展思路造成城市群内部各城市制造业分工不够明确，制造业链条不够完善，城市的特色并不鲜明，北京、天津等中心城市对于投资的吸引力远高于外围城市。基于目前京津冀城市群的发展困境，本书进一步对京津冀城市群内各个城市制造业之间的相互辐射与影响力进行分析，系统分析各城市制造业之间的相互作用强度与演化趋势。

1.3.1.4 制造业时空演化影响因素的实证研究

要素禀赋是经济活动主体行为选择的基本原因，要素禀赋差异形成的经济梯度导致了产业分工演化，促使了规模经济与聚集经济的形成，从而进一步强化了各城市之间的产业梯度，京津冀城市群内不同的要素禀赋组合决定了各城市的制造业的发展方向不尽相同。本书基于新经济地理理论和比较优势理论，总结出资源禀赋、劳动力成本、交通条件、拥挤效应、外部性、政策环境等6大影响因素之下的9个具体的影响指标，尝试分别对京津冀城市群不同区域以及不同生产要素下的制造业在近年来的时空演化主要影响因素进行辨识，从而在机理层面探讨影响京津冀城市群制造业分工与转移的主要因素。

1.3.1.5 京津冀城市群制造业协同均衡发展路径探索

对近年来京津冀城市群内各个城市制造业的发展优劣势进行分析，结合各城市之间的相互影响力变化情况，统筹考虑京津冀城市群制造业发展趋势，对城市群内部各城市的制造业进行有序的疏导和转移。在制造业有序转移的基础上，针对目前京津冀城市群内部各级政府对于城市发展的战略定位，探索构建京津冀城市群各城市“制造业有序转移+特色制造业发展”的制造业均衡协同发展路径，以期通过制造业的合理分工与布局提高京津冀城市群在中国和世界经济格局中的战略地位。

1.3.2 技术路线

本书技术路线图如图1–2所示。

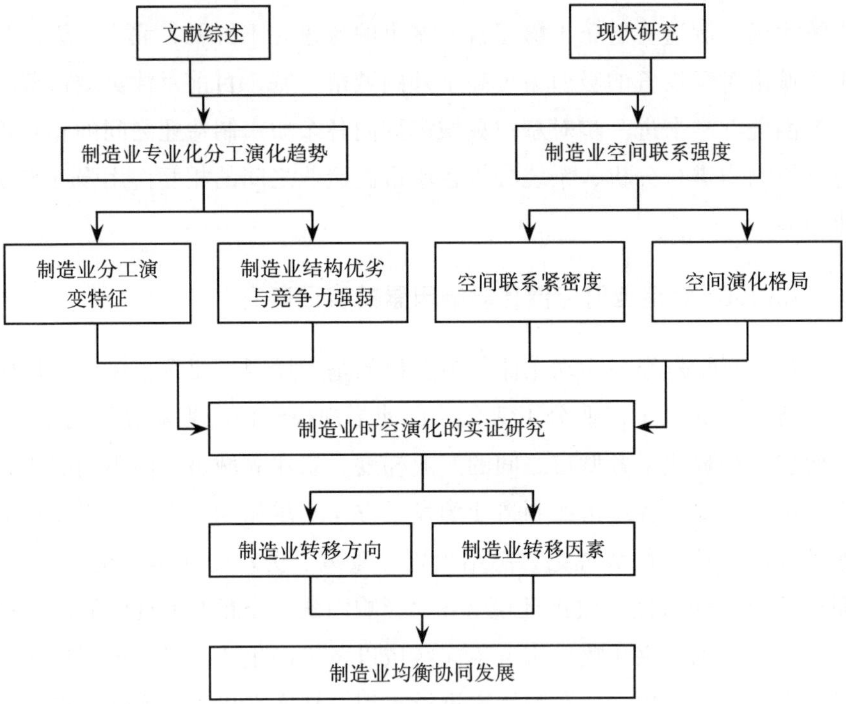

图1–2 技术路线图

1.4 理论基础与方法

京津冀城市群制造业时空演化特征与影响因素研究涉及经济学、地理学、城市学、社会学等多个领域的交叉性综合研究。因此，本书涉及多种理论与方法。

1.4.1 理论基础

1.4.1.1 产业区位理论

区位理论主要研究人类活动的空间分布以及由此产生的内在联系，具体而言，它是有关人类经济活动的空间布局及优化组合的理论学说。产业区位理论则是特指产业发展过程中的空间区位选择及配置的相关理论，历史上对产业布局的研究起源于19世纪初期杜能（Johan Heinrich von Thunnen）的农业区位理论，杜能也被认为是产业布局理论研究的鼻祖。随着工业时代的来临，工业经济快速发展，韦伯（Alfred Weber）提出了工业区位理论，这两个理论也被称为古典区位理论。到20世纪三四十年代，以中心地理论和市场区位论为主要代表的近代区位理论快速发展。第二次世界大战之后，人类社会经济活动方式发生了巨大变化，工业化和城市化浪潮席卷了全球众多国家，产业布局研究更加注重区域产业空间布局的优化，研究者认为区域内产业的空间布局应与区域经济的宏观环境相匹配，影响产业空间布局的因素逐渐增加，产生了众多学派对此进行研究，如运输区位论学派、市场学派、成本—市场学派、历史学派等，逐渐形成了现代区位理论。

本书对于京津冀城市群制造业时空演化及其影响因素研究的根本目的在于为京津冀城市群匹配相适应的制造业空间布局，因此，产业区位理论是指导本书研究的基本理论。

1.4.1.2 产业集聚相关理论

在产业集聚发展的相关研究中，产业集聚、产业地理集中、产业集群三个概念在学术界与理论界被广泛使用，三者之间联系紧密却也存在一定差异。产业集聚考查经济活动在较大区域范围内的聚集程度，体现了产业在空间上的非均匀分布；产业地理集中研究的是特定产业在空间上的分布情况，而产业在某地区的集中可能是该地区非均匀的分布也可能是均匀的分布；产业集群也称竞争性集群，是指大量的相关性企业以及支持机构根据一定的经济联系，在特定地区聚集，形成产业群落的一种经济现象，是产业集聚与集中的一种更高级形式。

（1）产业集聚

产业集聚是各类产业在特定区域范围内的空间聚集现象（魏后凯，2017），属于区域经济学重点研究问题之一。通常情况下，产业集聚会使企业的生产和交易趋向集中，这可以显著降低公共基础设施的分摊成本，同时劳动力市场的集中也会给予企业更好的劳动力供给保障，也更加有利于技术的创新及扩散。另外，在产业链上存在投入产出关系的企业彼此靠近还会使双方的交易更加方便，稳定集中的市场交易会使企业间更加信任彼此，交易费用也将显著下降。总体而言，产业集聚将会使企业获得明显的成本节约和效率提升，这就形成了集聚经济。

（2）产业地理集中

产业地理集中是指部分产业在少数几个地区范围内聚集的现象，是基于产业区位视角来考查其空间分布规律，重视对过程演化的分析，而产业集聚侧重于探讨同一产业内企业的空间聚集问题，重视现象描述和动力机制的分析，相较而言，产业地理集中没有产业集聚的概念宽泛，但对问题的研究却比其更加深入。

（3）产业集群

产业集群是企业自组织或有组织的综合体，在产业集群内，相关企业和支持机构通过产业链等各种渠道，在特定区域内形成一种类似生物有机体的群体关系。集群内企业相互分工协作，是一种竞合关系，有利于实现产品创新和规模效益，促进产业升级。从产业的性质来看，产业集群可以分为三种：第一种是传统产业集群，即以传统的劳动密集型产业为主，如家具、纺织、服装等，这类产业集群劳动分工细致，市场网络完善，专业化程度较好；第二种是高新技术产业集群，即依托特定地区的科研院所，鼓励技术创新和技术合作的产业集群；第三种是资本与技术结合型的产业集群。从产业组织结构来看，产业集群可以分为大中小企业共生型和小企业群生型两种。从产业集群的驱动力来看，产业集群有的是依靠特定地区自身经济发展优势等内在力量推动，如相关产业基础和人力资源积累等，有的则主要依靠外部力量驱动，是通过引进外来产业，在专业化分工和规模效益的基础上逐步形成的。

京津冀城市群制造业的集聚是一个相对漫长的过程，包括自然资源优势、区位外溢聚集力和人文凝聚力等诸多因素的影响，既有原发形成的，也有依靠政府调控推动的。制造业的集聚发展对区域经济结构和制造业结构的调整具有重要影响，一方面制造业的集聚有助于集中优化产业组织结构，另一方面则有助于促进制造业空间布局和区域经济分工，是调整京津冀经济结构和产业结构的重要手段，因此产业集聚理论也是引导本书研究的主要理论。

1.4.1.3　产业扩散相关理论

产业扩散是指国民经济内各产业部门的生产区位不断增多所引发的产业空间分布上的相对变化，产业扩散是产业发展到一定阶段之后的必然趋势，目前京津冀城市群内的北京、天津以及石家庄的部分制造业也正处在转移的关键时期。近年来，学术界更多地运用比较优势等理论与新经济地理理论研究一般意义上的产业扩散现象。

（1）基于比较优势理论的产业转移

1817年，英国古典政治经济学家大卫·李嘉图（David Ricardo）出版了《政治经济学及赋税原理》一书，提出了比较成本贸易理论，后人称之为“比较优势贸易理论”。比较优势理论认为，不同国家在产品生产方面存在生产技术及生产成本的相对差别，这是国家贸易产生的基础，每个国家都应该本着扬长避短的基本原则，尽力生产并出口那些具有“比较优势”的产品，进口那些存在“比较劣势”的产品。实际上，比较优势不仅包括技术优势、成本优势，还包括要素禀赋优势等方面。根据比较优势理论，人口众多的国家应该生产劳动力密集型产品，而在资本和技术方面具有优势的国家则应该生产资本密集型和技术密集型产品。如此一来，各国就形成了不同的劳动分工，国际贸易就此产生，而国际贸易又会引发各国生产要素的相对变化，导致国际产业转移。随着经济社会的不断发展，后来许多学者又发展完善了比较优势理论，赋予了其新的内涵，如雁行模式、产品生命周期理论和梯度转移理论等。

（2）基于新经济地理理论的产业扩散

1991年，美国经济学家保罗·克鲁格曼（Paul R. Krugman）发表了《收益递增与经济地理》一文，初步阐述了新经济地理理论，并在之后的研究成果中进一步对其进行了深入剖析，完善了相关的理论体系。与传统理论不同，新经济地理理论是建立在不完全竞争市场和规模报酬递增理论假设之上的，在分析产业扩散问题方面具有更强的适应性，该理论既可用于研究国与国间的产业转移问题，也可用于分析地区与地区间的产业扩散问题。新经济地理理论认为，产业扩散与产业集聚是硬币的两面，由于贸易成本、规模经济和市场外部性等原因，生产要素会聚集在那些具有发展优势的地区，但任何产业集聚都不可能是无限的，随着产业集聚规模的不断壮大，日益激烈的市场竞争和不断上涨的拥挤性成本将使产业集聚水平下降，生产活动开始逐步在空间上发散。对于产业扩散的力量来源，最著名的是克鲁格曼建立的中心—外围（Core-Periphery）模型，中心—外围模型将规模报酬递增条件下的制造业份额和工人的流动份额加以内生化，论证了地区生产结构与运输成本之间的非线性关系，根据这一理论，高运输成本、低规模经济不利于产业集聚，随着运输成本的下降，产业集聚将会发生，但当运输成本降至一定程度时，产业集聚也将不可持续，反而会导致产业扩散。

在京津冀城市群内，随着部分城市集聚水平的提升，本地生产要素不断上涨，市场外部性逐渐减弱、拥挤效应逐渐增强。此外，随着城市产业定位的不断升级，对于北京、天津等特大型城市，其制造业已经出现了由集聚向扩散的转变，这些城市制造业的转移种类与转移方向也是本书关注的重点，因此产业转移理论将引导本书进行相关研究。

1.4.2 研究方法

1.4.2.1 归纳分析方法

归纳分析方法是定性分析中常见的分析方法，通过综合分析相关理论和已有研究成果，归纳总结具有借鉴意义的方法和结论，为进一步研究提供基础和参考。本书分别对制造业集聚程度的测度方法、制造业空间布局演化和制造业空间分布的影响因素三个方面的研究成果进行归纳总结，借此分析21世纪之后京津冀城市群制造业时空分布的演化路径。通过归纳总结产业集聚和产业扩散的相关理论，提出影响京津冀城市群制造业时空演化的主要因素。

1.4.2.2 比较分析方法

本书中运用比较分析的方法，通过区位熵、产业集中率、偏离—份额等方法，对京津冀城市群整体以及城市群内的13座城市在近年来的制造业时空演化情况进行对比分析，从而梳理京津冀城市群制造业在各区域发展特征和演变规律的差异情况。通过改进的引力模型与断裂点理论，对京津冀城市群内各城市制造业的相互联系强度进行分析，发现不同城市之间的制造业相互关联情况，从空间维度探讨京津冀城市群的制造业演变特点。

1.4.2.3 实证分析方法

实证分析法是研究者提出社会经济变量之间存在某种关联的假设，并建立数学模型反映经济变量之间的数学关系，在模型中代入现实经济数据进行检验分析。本书提出制造业时空演化的各种影响因素及影响作用的假设，利用京津冀城市群2000—2017年13座城市的面板数据进行多元回归分析，分别对不同区域和不同生产要素下京津冀城市群的影响制造业时空演化格局的因素进行实证研究。

第2章 产业时空演化相关研究进展

京津冀城市群制造业的时空演化特征以及其影响因素的研究对于加快京津冀一体化发展意义重大，始终是社会关注的热点与重点。近年来，经济学、地理学、社会学的专家和学者就如何促进其协同发展展开了不同角度的研究，也取得了丰硕的研究成果。本章从产业协同发展的全局出发，围绕产业的布局、集聚、扩散，以及城市之间的空间联系等方面，从宏观角度对目前产业演化、产业联系强度、产业分布影响因素等相关研究进行梳理，之后回归到研究主题，对前人就京津冀城市群制造业发展的研究成果进行总结、归纳和提升。

2.1 产业布局概述

2.1.1 产业布局基础研究

2.1.1.1 产业布局的概念

产业布局，又称为产业分布，是指一个国家或地区产业各部门、各环节在地域上的动态组合分布，是国民经济各部门发展运动的具体表现（苏东水，2015）。随着科学技术的进步和人类社会的发展，经济活动内容不断丰富，生产空间不断拓展，经济活动在空间上进行着集聚与扩散、分化与组合，寻找这些经济活动在空间布局上的运动规律，就逐渐形成了产业布局理论。产业布局是一种需要在长远性、战略性、全局性视野下进行谋划的经济布局，它涉及不同区域层次、不同行业种类、不同经济要素条件下的持续性动态变化。

2.1.1.2　产业布局指向

产业布局指向是指产业进行区位选择时具有某种倾向，各类产业部门都有向能满足其主要需求的地区靠近的倾向，不同区位条件对各种类型的产业所形成的吸引力具有较大差异，产业布局指向一般包括以下几种类型（见表2–1）。

表2–1　产业布局指向分类

指向类型	具体含义	代表产业
自然条件和自然资源	对自然条件和自然资源依赖比较强的产业	农业、采掘业等
能源	在生产过程中能源消耗量占生产成本比重较高的产业，能源是否能及时供应、供应价格、供应量都是这些产业在空间布局时需要考虑的首选因素	有色金属冶炼、造纸、橡胶、水泥、石油化工等重型工业
劳动力	对于劳动力要素需求量大、劳动力成本占生产成本较大比例的产业都更倾向于将企业选址在劳动力资源丰富、工资水平低的地区，以便企业可以大大降低用工成本	纺织、服装、塑料等行业
消费市场	具有消费市场指向的行业一般分为两类，一是为当地消费市场服务的行业，二是产品重、体积大、易腐变质、不易远距离运输的产业，这两类产业为获得更大利润，企业的生产部门往往设置在离消费市场更近的地区	零售业、服务业、金融业，如汽车、家电、重型机械制造、食品加工制造等产业
高科技	产业发展对技术的依赖性极强，需要大量研发人员投入，同时采用最先进的技术设备进行生产。这些行业经常需要与各类科研机构以及高等院校合作，同时，企业对人力资源的素质要求较高。这类企业一般会聚集在科技发达、高校及科研机构密集、创新环境优越的大中型城市等更易形成知识溢出效应和规模经济的区域	电子信息、航空航天、生物工程、新材料、人工智能等

表2-1（续）

指向类型	具体含义	代表产业
交通枢纽	交通枢纽指向可以细分为空港指向、海港指向、河港指向、铁路枢纽指向、公路枢纽指向等，这些靠近交通运输枢纽的产业可以被称为“临空型产业”“临港型产业”等，为降低运输成本，许多产业都具有交通枢纽导向，尤其是产品耐运性强、运输费用占比高的产业	物流业、黑色金属冶炼、有色金属冶炼等

资料来源：宋洋．广东省制造业空间布局的演变研究［D］．长春：吉林大学，2019．

2.1.2 产业布局空间演变

产业空间布局演变研究是将产业在地域空间上的变化与时间因素相结合进行分析，它可以说是演化经济地理学在产业布局方面的应用，演化经济地理学兴起于20世纪90年代末期，是演化思想为经济地理研究开拓的一种新思路，被认为是经济学和地理学之间的第二座桥梁（王业强，魏后凯，2007）。20世纪90年代以后，中国制造业的集聚趋势开始显现，东部沿海地区凭借优越的区位优势和贸易条件，承接了大量来自海外的加工制造行业的产业转移，迅速集聚起大量传统加工制造业的产业集群。王业强和魏后凯（2007）综合运用空间基尼系数、SP指数、MHHI指数分析了1980—2003年中国制造业地理集中的趋势，从时间轴上来看，1980—1991年中国制造业的地理集中趋势并不明显，而到1992—1996年制造业的地理集中程度显著上升，随着1996年中国经济的“软着陆”，制造业的集聚水平表现出平稳上升态势。从空间变化趋势来看，中国制造业明显有向东部地区集聚的趋势，但却并不完全是其他地区的制造业都转移到东部，而是东部沿海地区制造业的增长幅度更大，因此是一种增量的集中。杨洪焦（2008）对我国18个制造行业集聚度的测定表明中国制造业的平均集聚度一直呈现上升趋势，但分布极不平衡，主要集中在东部的江苏、浙江、上海、广东和山东这5个省市。唐晓华等（2017）利用区位基尼系数、地理集中度（CRn）和空间莫兰指数，从产业集中和空间集聚两个方面测算1997—2013年我国制造业的集聚水平与空间关联性，在此基础上对制造业空间集聚类型进行划分，以确定我国制造业行业是否存在空间溢出效应，结果表明我国大多数制造业行业的集聚呈现倒U形演变过程，即1997—2008年集聚水平上升，产业集聚拐点在2003—2008年期间出现，2009年之后制造业集聚水平出现下降态势。安树伟和张晋晋（2016）对2000年以来我国制造业空间格局的演变情况进行研究，发现全国制造业以2004年为转折点由集聚为主向扩散为主转变，以就近扩散的方式由东部地区向中部地区扩散，并提出资本要素对我国制造业的转移有显著的推动作用，劳动力要素的作用减弱，市场化改革促进了制造业的转移扩散。

由于新贸易理论认为产业特征也是影响产业地理集中的一种重要因素，因此，在对制造业整体的空间分布演变规律进行分析的同时，学者们也纷纷对制造业的空间分布演变中存在的行业差异进行分析，即制造业内部不同类型的行业在不同时期具有不同的产业集聚或转移的特征。Ellison和Glaeser（1997）发现产业分类越详细，产业集聚水平越高，烟草制造、纺织、皮革等行业的集中水平最高，而橡胶、塑料、金属制品业的集中程度最低；王业强和魏后凯（2007）则认为产业的地理集中是不同产业特征在激烈的空间竞争条件下的一种表现形式。罗勇和曹莉莉（2005）对中国20个制造业在1993、1997、2002、2003年的集聚程度进行了测定，进而分析了中国制造业集聚程度的演变趋势，认为中国制造业在1993—1997年间集聚程度呈下降趋势，1997—2002—2003年制造业大部分行业的集聚程度呈增长趋势，制造业的集聚程度不断提高是主要的变动方向，集聚程度由高到低的行业分布依次为：技术密集型产业—资本密集型产业—劳动密集型产业。贺灿飞等（2007）认为农产品投入较多的产业较分散，金属矿物投入较多的产业较为集中，非金属矿物依赖性产业在四位数层次集中，在三位数层级显著分散；利用外资和参与国际贸易有利于产业地理集聚，区域分权促使制造业分散布局，在省级层次尤为显著；集聚经济显著推动制造业地理集聚，但在县级层次更为重要；高技能劳动力比重较高和外部科研力量依赖性产业则较为分散，产业联系没能促进中国产业的地理集聚，可能与地方保护和模仿政策等反市场力量有关。赵瑜嘉等（2013）在对中国制造业空间格局变化的分析中发现，劳动密集型产业存在大规模的产业转移，以出口为导向的劳动密集型产业向东部沿海地区集聚；资源依赖型产业空间集聚程度相对较低，而资本密集型和技术密集型产业空间集聚程度较高。他们还认为行业特征与区位特征需要相互匹配才能形成合理的城市产业结构。

2.1.3 产业布局影响因素研究

产业在空间分布的变化受到多种内生因素和外在因素的影响，随着外部环境的变化和产业自身的发展，产业布局的影响因素也在不断更新，各种因素对产业集聚或扩散的影响作用也在不断演化，早期促使产业集聚的向心力因素也许在外部环境发生变化后会变成促使产业扩散的离心力因素。因此，学术界在不同区域不同时代背景下，始终关注产业布局影响因素的研究。

2.1.3.1 土地和劳动力成本

早在18世纪中期，一些古典经济学家在研究中已经涉及了企业区位选择的问题，坎特龙（Cantillon）、亚当·斯密（Adam Smith）在研究中都讨论过原料成本、运费成本、企业与原料产地距离对工业企业区位的影响；罗舍尔（William Roscher）提出企业区位受原料、劳动力等因素的制约。1826年，杜能（Johan Heinrich von Thunnen）的农业区位论是最早将区位与产业布局研究相结合的理论，提出农业生产空间布局取决于地租。在前人研究的基础上，1909年韦伯（Alfred Weber）系统地阐述了工业布局重要的影响因素包括运输费用、劳动力、地租等。胡佛（Edgar Hoover）于1931和1948年分别出版了《区位理论与皮革制鞋工业》和《经济活动的区位》两本书，着重研究运输成本对于企业区位选择的影响，该研究也成为运输区位论学派代表性理论。1939年勒施（Losch）在《经济的空间秩序》一书中提出市场需求作为空间变量来研究工业企业的区位选择。英国经济学者邓尼逊（Dennison）认为随着现代企业管理水平的提高和交通工具的现代化，人的主观态度和行为成为企业区位布局的主要影响因素，而运输成本则降为次要因素（孙久文，2008）。

比较优势理论和要素禀赋理论则认为，不同地区的要素禀赋所形成的差异会吸引对不同要素具有强烈需求的企业的区位选择，从而引发地区间产业的集聚和扩散，相对于其他要素，劳动力的价格和土地成本是影响企业区位选择的最主要因素，也是区域形成产业集聚比较优势的主要因素。比较优势理论和要素禀赋理论都认为，资源禀赋对产业的地理集中具有显著影响，尤其是对自然资源依赖比较大的行业。

Kim（2000）在分析美国制造业的集聚趋势过程中发现产业对自然资源的依赖性、生产中劳动力要素的投入比重、各级人力资本的成本比重都明显促进了企业的空间集聚。Hanson和Xiang（2004）在考查自然条件、市场条件、生产外部性对不同产业空间分布的影响时，发现自然资源条件对产业的空间分布形成具有显著的影响。Ge（2009）也通过实证分析的方法，指出了密集使用农业要素的产业倾向于分布在农业资源丰富的地区，技术密集型产业则大多集聚在人力资本充沛的地区。周锐波和李晓雯（2017）验证得出劳动力成本对劳动密集型产业的集聚具有显著的负面效应，但劳动力成本提高对产业集聚的负效应在2010—2014年之间开始弱化。

2.1.3.2　地理位置和交通运输条件

经济地理学侧重于分析地理位置和交通运输条件对产业空间布局的影响。经济地理理论认为那些拥有港口等交通枢纽、运输成本低廉的地区更能吸引产业的集聚，Woodward（1992）指出区域的交通便利性对企业的建立和聚集具有显著的正向作用。Puga和Venables（1996）将技术进步作为外生变量引入模型中，证实运输成本的高低会影响全球性的产业扩散。Deichmann等（2005）在对印度尼西亚区域经济发展和集聚的研究中，认为提高公路网的密集度会促使区域内企业的集聚。新经济地理理论认为交通运输条件欠佳的地区，交通运输成本较高，经济活动比较分散，随着交通运输条件的改善，会促使经济活动不断集中，但是，随着交通运输条件进一步改善，经济活动会出现扩散的倾向。因此，交通基础设施的改善对于区域产业集聚的作用可能是正向的也可能是负向的，交通基础设施的不断完善，要素流通性增强，为区域间的产业交流协作与扩散提供了可能。金煜等（2006）认为经济地理、新经济地理和经济政策三个方面对工业集聚都具有一定的影响，优越的地理位置和良好的自然资源条件有利于工业集聚，市场容量、基础设施、外部性等新经济地理因素也对工业集聚具有显著的影响，同时，政策因素也不可忽视。刘鑫等（2015）实证研究了不同类型的交通设施对不同要素密集度制造业布局的影响，认为公路对于大多数类型的制造业有正向影响，而铁路、港口和机场仅有利于部分特定产业的布局，其核心是由不同类型的制造业对于交通基础设施的依赖程度差异所致。

2.1.3.3　外部性

新古典经济的主要代表马歇尔（Alfred Marshall）用“外部性”对产业的空间集聚现象进行解释，提出了产业布局的又一重要影响因素——外部性。外部性也可以称为外部规模经济或集聚经济，指大量相关企业聚集在一起，可以节约上下游企业之间的运输成本，共享劳动力市场和公共基础设施等，以及企业间的技术溢出效应，使得企业获得更大的利益。石灵云等（2007）利用中国的工业数据验证了外部性在产业集聚中发挥了很大的作用。樊长科和林国彬（2014）利用2000—2012年广东制造业数据实证分析出产业集聚的外部性优化了制造业的空间规模配置。

20世纪90年代兴起的新经济地理学的代表人物藤田（Fujita）、克鲁格曼（Krugman）和维纳布尔斯（Venables）在Dixit-Stiglitz垄断竞争模型（简称D-S模型）的基础上将规模报酬递增和不完竞争市场结构引入空间经济分析之中，将保罗·萨缪尔森（Paul A. Samuelson）创造的“冰山成本”纳入其中，用于解决现实中存在的运输成本问题，在规模报酬递增和考虑运输成本的基础上构建出空间经济理论的框架，分析经济活动在空间上的运动分布主要来自以下两种力量：一是吸引产业各部门向某一中心区域集中的向心力；二是促进产业向外扩散并在空间上均匀分布的离心力。产业布局的调整与变动就是受产业集聚（又称向心力）和产业扩散（又称离心力）两种力量共同作用形成的，产业的集聚和扩散既对立又并存，它们是影响产业在不同的区域空间上形成与发展的重要机制。集聚和扩散对于区域经济发展与产业空间布局在不同区域空间结构上所起的作用和力量是不同的，在区域产业空间布局初期，基于规模经济和外部经济性，同一产业内的企业逐渐在地理位置上趋于集中，此时集聚力量起着主导作用，引发区域内产业空间的集聚现象；而随着企业数量的不断增多，竞争加剧，要素成本上升，就会形成集聚不经济的状况，此时集聚的力量将减弱，而扩散的力量将逐渐占据优势，企业出现地域上的整体转移或部分转移。这两种力量的互生与抗衡决定了经济活动的空间分布模式。在现实生产活动中，影响产业布局的因素非常多，且随着时代的变迁、技术的革新，也会不断出现新的影响因素；另一方面，处于不同经济发展阶段的不同区域，驱动产业集聚与扩散的因素也不尽相同，驱动能力各有差异。

贺灿飞和谢秀珍（2006）认为在20世纪90年代至21世纪初期，经济全球化、比较优势和规模经济等是导致产业空间集聚的主要原因，而激烈的产业内市场竞争则推动了产业扩散。孙久文和胡安俊（2013）更详细地对影响产业转入和迁出的因素进行了细分，其中外部性、市场规模和人力资本是促进产业向区域内转入的集聚因素，生产成本、通信设施则同时促进了产业的转入和迁出；而交通设施、对外开放和政府因素则是阻拦产业向区域内转入和向区域外迁出的因素。张杰、唐根年（2018）在研究浙江省制造业的空间分布格局时认为，影响制造业企业分异格局的核心因素为信息化、地形、市场规模、城镇化和技术创新等。

2.1.3.4　政策因素

Rodan（1943）认为政府可以通过对特定地区的大规模投资来引发乘数效应，从而推动该地区的经济增长；Togo和Arikawa（2002）认为，政府设立产业园区的政策对于企业的选址决策具有正向吸引作用，产业园区的边际效应与产业集聚水平之间呈正相关的关系。Kim等（2003）研究发现地方政府的吸引外资项目对外资企业的进驻具有非常明显的正面激励作用。

基于中国的具体国情，政策因素同样是不容忽略的能够影响产业集聚的重要因素。一般文献中多以对外开放程度、政府投资、地方保护政策作为政策因素的代理变量，白重恩等（2004）主要考查了地方保护主义对产业集中度的影响，发现地方保护程度与产业的地区集中率呈明显的负相关关系，也就是说地方保护不利于产业集聚。贺灿飞等（2008）通过对浙江省制造业产业集聚影响因素的分析，发现政府的空间导向性政策会影响资金、技术、劳动力等生产要素的流动，进而影响产业集聚的水平。李胜兰等人（2011）通过实证方法分析论证了珠三角一体化对产业布局的影响，认为各个产业的地区专业化程度越高，地区间产业结构的差异越大；运输成本和固定资产投资对珠三角的产业布局有显著影响，运输成本的降低有利于地区专业化的提高，而固定资产投资的增长则阻碍了地区专业化；市场容量会导致产业结构趋同，但影响较弱；地方保护、自然资源禀赋和外商投资没有显著影响产业布局。

2.1.4 产业布局简评

产业布局是研究产业在特定时间空间内分布运动规律的一门科学，它综合运用经济学与地理学的相关知识进行分析，产业布局兼具静态和动态双层内涵，从静态层面来看，产业布局是指在某一时点产业内各个部门、各种生产要素以及各类环节支点在地域上的组合与分布的态势；在动态层面上，产业布局是企业与要素在利益最大化原则的驱使下寻求最佳生产区位的过程，随着企业在不同区域间的转入、转出，带动了要素的流转以及产业在不同区域的集聚与扩散。

目前对产业布局的研究一般都是从动态的角度进行分析，研究不同产业在各种区域层面的动态变化情况。随着经济社会的不断进步、支柱产业的不断更新、人类的生产和生活空间不断拓展，产业布局的理论与应用也在不断演变。国内外学者从不同角度对产业布局展开研究，主要从产业布局理论、产业布局战略和产业布局政策等方面进行分析，产业布局理论研究是对区域产业分布特征、布局类型、产业布局的空间演变和产业布局的影响因素等方面进行客观描述和定量分析；产业布局战略和产业布局政策则一般是政府层面对产业未来合理分布的构想和要求，是通过政府政策引导或行政指令对产业未来发展的空间布局进行规划，主要涉及产业布局优化、产业布局政策实施等方面。

2.2　产业集聚与扩散

2.2.1　产业集聚

区域的产业布局特征是在一定区域内产业所表现出来的集聚或扩散的空间分布形态（陈建军，胡晨光，2008）。受企业间的投入—产出联系、劳动力市场群聚和知识溢出等因素的影响，经济活动在空间上倾向于集中（李世杰等，2014）。经济活动的集中以及地区经济规模增加将促进企业劳动生产率的提高以及劳动力收入的增长（Combes，Gobillon，2015），对于促进区域经济增长意义重大，学术界近年来始终关注产业集聚的研究。

2.2.1.1　产业集聚空间分布演化

（1）按行政级别划分

从中国省域层面分析，中国制造业空间集聚态势明显，但是处于一种非均衡状态，东部沿海地区已经形成较规范的市场环境，具备了较完善的基础设施，政府服务能力较强，消费前景广阔，进出口便利，各种资源汇聚于此，对许多产业形成了较大的吸引力，广东、江苏、上海、山东、北京、浙江等省、直辖市构成中国制造业最主要的集聚地，且这种集聚具有进一步强化的态势，西部地区集聚态势需要加强（文枚，2004；吴学花，杨蕙馨，2004；贺灿飞等，2008；丁焕峰，2010；刘淑姗，2018）。基于地级市层面来看，制造业在不同城市的聚集程度也存在较大差异，产业间协同集聚水平较高的地级市更多分布在东部地区，城市规模等级也相对较高，而产业间协同集聚水平较低的地级市则以西部地区居多，并以中等城市和Ⅰ型小城市为主（徐康宁，冯春虎，2003；毛艳华，易中俊，2012；陈曦等，2018）。

（2）按制造业类型划分

赵伟和张萃（2007）通过计算中国制造业20个行业的工业地理集聚指数证实，在1999—2003年期间，中国绝大多数行业的空间集聚趋势不断强化。市场机制已在中国制造业产业布局中发挥了重要作用，部分行业呈现出良好的集聚性，“大而全”“小而全”的产业布局基本被打破，但是仍有一些具有显著集聚特征的制造业部门布局十分分散，如交通运输设备制造业、医药行业、黑色金属冶炼及压延工业等，因为绝大部分的省市在制定发展计划时，都将这些产业定为主导产业或者重点产业，它们享受地方政府的各种保护和优惠条例，布局脱离行业特征和市场规律，仍然呈现遍地开花的现象（吴学花，杨蕙馨，2004）。

2.2.1.2　产业集聚影响因素

马国霞等人（2007）分析了中国制造业两个产业之间的空间集聚度，并揭示了驱动中国制造业产业间集聚的机制在于纵向的投入产出关系和规模外部经济，同时，地理邻近有助于这种机制的强化。随着新经济地理理论的逐渐成熟，陈曦等（2018）研究认为我国制造业产业间协同集聚的区域差异主要受到制度和政策、信息传输能力、经济发展水平、制造业劳动力供给和交通设施水平等因素的影响，但是在当前阶段，制度和政策是导致我国产业间协同集聚水平区域差异的决定性因素。

从制造业的细分行业来看，行业技能水平成为影响制造业集聚的主要因素，不同行业空间分布的变化趋势存在显著差异。人与人之间物理距离上的接近以及由此带来学习机会的增加会提高劳动生产率，集聚地区地理空间上的邻近会加强企业间、行业间的知识溢出，而对知识和创新依赖程度更高的高技能行业所受的影响更为明显，因而可能增长更快；相反，低技能行业对创新的依赖程度较小，并且对土地、劳动力等投入要素成本的上升更为敏感。因此，不同技能水平行业在地理空间上的转移可能存在差异，具体表现为高技能行业向集聚地区的进一步集中和低技能行业受拥挤效应的影响而离开这些地区（Moretti，2004；高虹，2019）。

2.2.1.3　产业集聚测度

对于产业集聚程度的测度分析是研究产业演化特征的重要环节，目前学术界对于产业集聚的研究主要集中在区位熵指数（郝寿义，安虎森，2004；孙晶，李涵硕，2013）、区位基尼系数（Keeble等，1986；Krugman，1991；吴爱芝，2013；李杰，2015；王惊雷，李在军，2017）、产业平均集中率（邓新波，2013）、空间分散指数（Midelfart-Knarvik等，2000；范剑勇，2004；陈良文等，2006）、赫芬达尔指数（Fan，Scott，2003）、EG指数（崔小娜，2013；王欢芳等，2018）等指标或方法（见表2-2）。

具体来看，邹敏和吴映梅（2015）利用区位熵研究了滇中城市群三次产业细分下行业的集聚程度。Keeble等（1986）首次将基尼系数应用于衡量产业的空间分布，计算了美国制造业三位数行业的空间基尼系数。梁琦（2003）利用基尼系数指标的计算方法分析中国工业24个行业的产业分布集中程度，通过测算出各行业的基尼系数得出当时中国高科技产业和劳动密集型产业的空间集中程度最高，如烟草制造业、航空航天器制造业的基尼系数很高，分布最为集中，而资本技能型行业的分布比较均匀，如石化产业和专业设备制造业。宋洋（2019）研究发现广州制造业平均集中率显著下降，除交通运输制造业和仪器仪表制造业以外，其他制造业的产值比重都有不同程度的下滑。Midelfart-Knarvik等（2000）设计了空间分散度指数（Spatial Separation Index，SP指数），用来衡量某一产业在空间的集聚程度。SP指数把空间距离因素融合到指标中，弥补了空间基尼系数、赫芬达尔指数等指标中缺少空间距离因素的缺陷。Fan和Scott（2003）采用赫芬达尔指数进行分析，得出劳动密集型产业较为集中的结论。崔小娜（2013）利用赫芬达尔指数与EG指数相结合的方式探讨了中国20个制造产业的发展趋势，发现制造业产业集聚程度总体上没有增长趋势，高技术含量行业集聚程度一直保持较高水平，而低集聚程度的行业则显示出产业转移现象。

表2-2　产业集群度的测算方法汇总

测度方法	公式	优点	不足
区位熵指数	$LQ_{ij} = \frac{X_{ij} \Big/ \sum_{j=1}^{m} X_{ij}}{\sum_{i=1}^{n} X_{ij} \Big/ \sum_{i=1}^{n}\sum_{j=1}^{m} X_{ij}}$ 式中，X_{ij}为i地区j产业的制造业总产值；分子为i地区j产业产值在i地区制造业总产值中的比重；分母为地区j产业产值在地区制造业总产值中的比例。若$LQ_{ij}>1$，说明i地区j产业专业化程度较高，产业供给能力满足本地需求而有余，为优势产业；反之，则i地区j产业专业化程度较低，产业供给能力不能满足本地需求，需要由区外调入，为劣势产业	计算方法简单；指标计算明确	一是不能反映区域经济差异；二是区位熵高的地区聚集水平可能并不高
区位基尼系数	$G_i = \frac{1}{2N^2\mu}\sum_j\sum_k\left\lvert\frac{X_{ij}-X_{ik}}{X_j}\right\rvert$ 式中，X_{ij}，X_{ik}为i产业在j省、k省的产值；X_j为j地区产业总产值；N为研究的子区域数量；μ为i产业在各子区域的比例均值，经计算确定为$\mu = 1/N$。$G_i \leqslant 0.4$属于低度集聚，表明产业分布较为均衡；$0.4 < G_i \leqslant 0.6$属于中度集聚，表明产业分布出现一定程度的集聚化；$G_i > 0.6$属于高度集聚，表明产业分布高度集聚于某区域	计算方法简单；指标计算明确	基尼系数本身并不代表有集群出现，某一区域的产业份额高有可能是企业规模大造成的，而非多个相同产业的集聚引起
产业平均集中率	$V_i = \frac{\sum_k V_{ik}}{k}$ 式中，$V_{ik} = \frac{E_{ik}}{\sum_i E_{ik}}$；$E_{ik}$表示$i$地区$k$产业的产值；$V_{ik}$表示$i$地区$k$产业占全部研究区该产业产值的比重；$V_i$即为$i$地区的产业平均集中率。$V_i$的取值区间为(0，1)，数值越趋于0，表示产业平均所占份额越低；数值越趋于1，则表示产业所占份额越高	计算方法简单；指标计算明确	某一区域的产业份额高有可能是因为企业规模大、产值高，而非多个相同产业的集聚引起

表2-2（续）

测度方法	公式	优点	不足
空间分散指数	$SP^k = C\sum_{i=1}^{n}\sum_{j=1}^{n}\left(S_i^k S_j^k \delta_{ij}\right)$ 式中，SP^k为空间分散指数；C为常数；S_i^k代表i地区k产业某经济指标占全国的比重；S_j^k代表j地区k产业某经济指标占全国的比重；δ_{ij}代表i地区到j地区的距离。一般而言，空间分散指数越大，意味着产业地理集中的程度越小；空间分散指数越小，则代表产业地理集中的程度越大	考虑了不同地区的空间距离对产业地理集中的影响，使产业地理集中的指标评价体系更加完善	
赫芬达尔指数	$H = \sum_{i=1}^{n}\left(\frac{X_i}{X}\right)^2$ 式中，H为赫芬达尔指数；$\frac{X_i}{X}$是产业X的第i个企业的市场占有率；n为X的企业数目	一是综合考虑企业数量和规模；二是反映企业的支配力	数据要求较高；经济学含义不明确
EG指数	$EG = \frac{G - \left(1 - \sum_{i=1}^{n}x_i^2\right)H}{\left(1 - \sum_{i=1}^{n}x^2\right)(1 - H)}$ $G = \sum_i \left(S_i - X_i\right)^2$ $H = \sum_{i=1}^{n}\left(\frac{X_i}{X}\right)^2$ 式中，G代表空间基尼系数；S_i表示i地区某产业产值占该地区所有产业产值的比重；X_i表示全国该产业的就业人数占全国就业人数的比重；x_i表示i区域全部产业产值占全国全部产业产值的比重；H为赫芬达尔指数	加入企业规模的因素，为了解决空间基尼指数的失真，使得EG指数可以用于跨时间、产业的比较	缺少经济学含义

2.2.2　产业扩散

生产活动的过度集聚会造成集聚区土地、劳动等生产要素价格的上涨。此外，集聚地区更激烈的市场竞争、环境污染、对本地公共品的竞争等因素也增加了企业的生产成本，形成了经济活动的离散力。出于利润最大化的考虑，厂商会选择转移到其他要素价格较低的地区组织生产经营活动，与产业集聚相反的产业扩散也成为目前国内外产业分工与布局研究的另一热点。

2.2.2.1 产业扩散机理研究

产业转移是产业扩散最主要的形式，产业空间分布变化也是随着产业的集聚与转移逐渐形成的。产业转移研究最早是从国际产业转移现象研究开始的，自20世纪30年代以来，日本学者赤松要（Kaname Akamatsu）提出的“雁行形态”理论、弗农（Raymond Vernon）的产品生命周期理论、小岛清的边际产业扩张理论等对于产业转移研究起到了重要的指导作用。但是，前人多从国家角度研究产业转移问题，而对于同一国家不同区域间的产业转移问题的相关研究较少。

2.2.2.2 产业扩散方向

20世纪90年代兴起的新经济地理理论不仅可以用于研究国家之间的产业转移问题，还可用于分析地区间的产业扩散问题，克鲁格曼建立的“中心—外围”模型对产业集聚与扩散的动因给予解释。我国较早对产业转移问题进行研究的学者是卢根鑫（1997），他认为产业贸易和产业投资是产业转移的基本形式。张可云（2001）认为区际产业转移既是对区际商品贸易与要素流动的一种替代，也会促进劳动力、资本、技术等要素的区域间流动。陈耀和陈钰（2011）研究发现，“十一五”以来，我国中西部地区工业在全国所占份额大幅上升，东部沿海地区产业在向外转移，转出的主要是资源型产业、纺织服装和食品制造等劳动密集型产业，但制造业在沿海少数省份集中度仍然较高。刘友金等（2011）运用Hayter区位进入理论构建中部地区承接沿海产业转移的竞争力评价指标体系。胡安俊和孙久文（2014）对中国制造业转移的机制、次序与空间模式进行探讨，研究结果指出中国制造业已经出现由东部向中西部地区的大规模转移；在转移次序上，按照产业替代弹性的逆序展开，高替代弹性产业先转移，低替代弹性产业后转移；在空间模式上，低替代弹性产业呈现等级扩散模式，高替代弹性产业呈现扩展扩散模式。

近年来，中国制造业分布格局呈现出新的动向，以2004—2005年为转折点，以食品轻纺行业为主的部分制造业部门开始从沿海省份向中西部省份转移，北京、天津、上海、浙江、广东、福建等省份的产业份额明显下降，安徽、江西、湖南、河南、四川等中西部省份的产业份额趋于增加。在地市尺度上，制造业分布变化呈现出“西进北上”的特点，具体表现为产业份额从沿海发达城市转向沿海省份内部发展相对滞后的地市以及中西部省份内部产业基础较好且本地市场规模较大的地市，中部地区的重点开发区域已成为承接产业转移的重要载体（刘力，2008；陈林，朱卫平，2010；石敏俊等，2013）。

2.2.2.3　产业扩散影响因素

陈国生等（2018）运用空间计量模型检验了比较优势和竞争优势对中国制造业产业转移的综合作用，地区的显性比较优势和竞争优势都对地区产业转移起着显著的正向作用，在制造业转移上，规模经济与集聚效应也会产生相应影响，基础设施对产业转移的影响为正，交通条件的改善、运输成本的下降有利于制造业向企业集聚地转移，外资分布越是密集，产业转移程度也越高，政府对于经济活动的参与程度越高，越不利于地区制造业的转移。沿海地区和中西部地区之间要素成本差异的扩大和贸易成本差异的缩小，使得贸易成本和要素成本的均衡关系发生逆转性变化，这是驱动中国产业分布地理变迁的核心因素（石敏俊等，2013）。

2.2.3　产业集聚与扩散简评

从20世纪20年代以韦伯的工业区位理论为代表的古典区位论，到80年代的劳动地域分工理论、新产业区理论，再到90年代以克鲁格曼为代表的新经济地理学，都对产业集聚与扩散研究产生了深远的影响。古典区位论主要讨论微观企业布局的问题；中心地理论主要研究服务业和行政管理部门的区位问题；新经济地理学借鉴了新贸易理论的规模报酬递增和不完全竞争市场的假设，在Dixit-Stiglitz垄断竞争模型的基础上，将空间维度纳入到主流经济学研究范畴，建立了空间经济模型，利用“中心—外围”模型解释了经济活动的空间集聚过程，该模型的结论认为产业的地理集聚是由规模报酬递增、运输成本和商品需求规模等因素相互作用决定的，将产业地理集聚内生化。新经济地理理论同时还认为，产业扩散与产业集聚是同时存在的，由于贸易成本、规模经济和市场外部性等原因，经济活动会聚集在那些具有发展优势的地区，但任何产业集聚都不可能是无限的，随着产业集聚规模的不断壮大，日益激烈的市场竞争和不断上涨的拥挤性成本将使产业集聚水平下降，生产活动开始逐步在空间上发散。

2.3 产业联系

2.3.1 产业关联

近年来，基于新经济地理学的研究框架，以维纳布尔斯（Venables）的研究为基础，具有投入产出关联的上下游产业之间的协同集聚现象作为产业集聚的一种特殊形式愈发受到学者们的关注。

2.3.1.1 产业关联研究对象

产业关联是指国民经济中各行业之间投入与产出、供给与需求之间的内在关系（刘晓欣等，2011）。国外学者对于产业关联的研究主要集中于对某一国家或地区特定行业的研究（B. Khanal et al，2014；A. Kelly et al，2015）。国内学者近年来也更多地把研究对象从单一产业的集聚与扩散发展延伸到对其上下游领域的综合演化研究，通过综合构建完整的产业链条，更加系统地分析产业发展情况（陈建，史修松，2008；吴三忙，2012；王莉莉，肖雯雯，2016；李晓峰，郑秉坤，2018；黄桂田，徐昊，2018）。目前关于产业关联的研究对象更多集中于制造业与其他产业的关联发展，或是在产业二位数细分下，制造业下的汽车（马明，2012；陈曦，朱建华，2018）、有色金属（郝晴，2013）、纺织（张建磊等，2020）等产业与其他相关产业的关联测度与发展效率的研究。

2.3.1.2　产业关联测度

在产业关联方面，当前研究主要利用灰色关联模型和投入产出分析，灰色关联模型利用灰色关联系数计算行业之间的关联强度，投入产出分析利用直接消耗系数和直接分配系数对行业之间的关联强度进行评价（陈宪，黄建锋，2004；高传胜，李善同，2007；刘晓欣等，2011；周强，2013；何佳霖，宋维玲，2013；陈曦等，2015；关伟等，2019）。两种评价方法的具体公式以及优劣对比见表2-3。

表2-3　产业关联度相关模型与方法

测度方法	公式	优点	不足
灰色关联度	（1）求两级最大差和两级最小差 先求参考序列$X_0(k)$和比较序列$X_i(k)$的差值，即$\Delta_i(k)=\left\|X_0(k)-X_i(k)\right\|$，其中$\min_k\left\|X_0(k)-X_i(k)\right\|$为第一阶最下差，表示在$X_0(k)$的最小差，$\min_i\min_k\left\|X_0(k)-X_i(k)\right\|$为两级最下差，表示找出各条曲线中的最小差后，再按$i=1,2,\cdots,n$找出所有曲线$X_0(k)$中的最小差。 （2）计算灰色关联系数和关联度 $\delta_{0i}=\frac{\min_i\min_k\left\|X_0(k)-X_i(k)\right\|+\rho\min_i\min_k\left\|X_0(k)-X_i(k)\right\|}{\left\|X_0(k)-X_i(k)\right\|+\rho\min_i\min_k\left\|X_0(k)-X_i(k)\right\|}$ 分辨系数取$\rho=0.5$。 再根据灰色关联度公式$r_i=\frac{1}{n}\sum_{k=1}^{n}\delta_i(k)$求关联度	测算方法相对简单，结果清晰明了，易于分析	一是无法分别测算前向行业或是后向行业的具体关联程度，科学性相对较弱；二是选择关联产业的主观性较强
投入产出	后向关联：$a_{ij}=\frac{X_{ij}}{X_j}\quad(i,j=1,2,\cdots,n)$ a_{ij}表示直接消耗系数；X_{ij}表示第j产业部门的单位总产出直接消耗第i产业部门货物或服务的价值量；X_j表示第j产业部门的总投入 前向关联：$h_{ij}=\frac{X_{ij}}{X_i}\quad(i,j=1,2,\cdots,n)$ h_{ij}表示直接分配系数；X_{ij}表示第j产业部门的单位总产出直接消耗第i产业部门货物或服务的价值量；X_i表示第i产业部门的总投入	从市场规律出发，准确测算出不同行业之间的具体关联程度，减少了主观的干预	计算过程复杂，数据的可获得性较差

2.3.2 产业空间联系

2.3.2.1 基于不同研究方法

国外关于区域空间联系的研究始于20世纪二三十年代。G. K. Zipf（1946）首次将牛顿万有引力定律与城市体系联系起来，奠定了城市群空间相互作用的理论基础。之后，E. L. Ullman（1957）、J. Friedman（1973）、D. A. Griffith（1979）等学者对空间相互作用理论进行了理论与实证研究。Meyer（1980）、D. Simeon和F. Caroline（2002）等学者通过城市体系动态模型和引力模型对空间联系进行了实证分析。J. Gluckler（2007）建立了地理网络轨迹的概念框架，使用区域网络形成的类型学来讨论区域内和跨区域的创新机会。当前，国外对空间联系的研究突破了简单的静态描述和理论定性剖析的局限，主要集中于城市群经济联系的空间结构演变、城市群空间组织等方面。

20世纪80年代，国内对区域空间联系的研究逐渐出现，如周一星提出了主要经济联系方向理论，为城市群空间联系研究奠定了理论基础。20世纪90年代后，城市引力模型、城市流强度模型等定量研究方法被广泛应用于区域空间联系分析中。有学者利用城市引力模型分析了城市群内部各城市间的相互作用强度（关伟，周忻桐，2014；关晓光，刘柳，2014；冯艳飞，向万宏，2018；安景文等，2018；张吉岗，杨红娟，2019），也有学者运用城市流强度模型探求了城市群中各城市在区域中的联系地位（陈群元，宋玉祥，2011；李娜，2011；刘玮辰等，2016；许云鹭，雷国平，2018）；

2.3.2.2 基于不同研究视角

郭丽娟（2009）和汪德根等（2015）从通达性的角度分别对四川盆地城市群和长三角都市圈的空间联系进行分析，认为四川盆地城市群内形成了以成都为中心的紧密联系的空间一体化，高铁扩大了长三角内五大都市圈的一日交流圈范围，覆盖范围几乎达到100%。曹子威等

(2013)、卢中辉等（2016)、王启轩等（2018）基于信息流视角探讨了城市群的内在功能联系，得出以下结论：首先，相比企业组织的城市网络，信息流视角下的城市网络结构与城市行政等级结构的关联性更低；其次，城市群的外部范围、内部组织等虽有清晰的界限划定，其各城市的实际功能联系却是紧密交织并不断拓展的，将逐渐演化为动态、开放的网络体系；再次，城市群或者都市圈内规划范围内部发展不平衡、不充分的问题依然存在，需针对不同外围后发城市提供相应对策支持，加强其与核心城市的互动联系，从而进一步提升城市群的整体竞争力；最后，一般功能较为完善，城市区域联系跨度大、强度高、落差小，区域辐射范围较远的城市，未来发展成综合性的中心城市的可能性较大，而呈现单向非均衡联系的城市，仅表现出和一座或几座城市形成极为紧密的依赖性联系，城市间联系落差大，区域辐射影响范围较小，未来一定时期内仍会表现出较强的专业化特征，坚持产业错位发展，充分利用都市圈发展的“溢出效应”(或边缘效应)，致力培育次区域增长极。

2.3.3　产业联系简评

经济学的观点认为，产业联系主要是从单一产业与其上下游产业进行相互协作，实现单一产业与纵向产业之间的协同发展。新经济地理理论将空间对于产业的协同发展之间的横向与纵向联系视为研究重点。

目前对于产业联系的研究多集中于京津冀城市群各个城市之间制造业的相关联系强弱，这成为研究制造业集聚与扩散的基础，也成为下一步为各城市制造业制定行之有效发展路径的重要参考。

2.4　京津冀城市群制造业时空演化相关研究

京津冀城市群作为中国北方地区最重要的经济增长极，由“2市1省”的特殊行政区划组成，社会各界对于其经济一体化，尤其在制造业协同发展的相关研究成果丰硕。

2.4.1 基于各城市制造业定位

陆大道（2015）、颜廷标（2018）从大城市群视角对京津冀进行了总体定位，提出世界经济的“地点空间”正在被“流的空间”所代替，北京是处于世界性“流”的节点上并以高端服务业为主体的门户城市，制造业的发展应缩小体量；天津是中国华北地区的经济中心城市，制造业已有强大的基础，今后的发展应进一步加强综合性制造业及其所需要的基础原材料、新材料的发展，重点包括航空航天设备、海洋工程设备、交通运输工具、电子元器件及通信设备、石油化工和精细化工、精密仪器仪表、化学和生物制药等，继续加强这些产业的研发和技术创新；从发挥河北省特点和优势考虑，其未来发展需要对现有的能源原材料工业实行大幅度结构调整、规模调整和技术更新，发展海洋工程装备、先进轨道交通装备和新型材料工业，并注重与京津大型制造业相关产业链、产业基础相结合。

2.4.2 基于制造业转移路径与发展定位

孙久文和姚鹏（2015）从新经济地理学的视角分析了京津冀一体化对制造业空间格局的影响，北京正逐步将劳动密集型、资源密集型产业转移到河北与天津，形成京津冀区域的创新引领。张杰斐等人（2016）的研究进一步表明，京津冀城市群制造业主要从京津走廊向河北东部沿海的唐山、秦皇岛以及河北腹地的冀中南地区进行转移。河北省发展和改革委员会宏观经济研究所（2018）认为河北省应依托与京津的产业分工，引领河北产业向中高端迈进，以雄安新区为引领，重构河北城市功能结构和空间格局，与京津共同打造世界级城市群。但是李鹏飞（2019）研究认为京津冀三地产业发展差距不仅没有缩小反而呈现出不断扩大态势，北京、天津未能形成良好的辐射带动作用，河北没有发挥出承接作用，这并不利于京津冀协同发展。

从京津冀城市群内部各城市制造业的转移路径来看，北京市制造业由首都功能核心区向城市功能拓展区、城市发展新区以及生态涵养发展区渐次外迁，在此过程中高新技术产业、机械与装备制造业呈集聚发展态势，近年来呈现回迁趋势（王妤，蔺雪芹，2016）。天津地区制造业领域中已形成的专业化生产部门包含较多的高技术产业或中高技术产业，根据协同发展规划要求，北京地区的科技创新成果转化型企业以及高端制造业中缺乏比较优势的生产加工环节可选择天津作为承接地；天津应加大制造业领域的研发投入，充分重视高科技人才的培养；河北省作为京津冀协同发展中的产业转型与升级基地，是北京非科技创新型产业对外转移的理想目的地，在保持现有产业集群的基础上，应着力推动制造业由劳动密集型向技术密集型转化，通过合理规划布局，提高转移效率，进一步提升当地集聚行业的竞争力，促进规模经济的实现（刘宏曼，郎郸妮，2016）。

2.4.3　基于制造业布局影响因素

刘宏曼和郎郸妮（2016）运用区位熵指标衡量京津冀地区制造业的集聚现状，在此基础上运用主成分分析法找出该地区产业集聚程度的主要影响因子，认为劳动力、技术要素以及第三产业的发展水平是制造业集聚发展的主要影响因素，而资本要素对产业集聚程度的影响并不显著，应从产业对接、配套服务体系和生产要素流动政策等方面探讨制造业产业集聚，以促进京津冀协同发展。张杰斐等（2016）进一步对京津冀城市群制造业内不同行业类型的转移影响因素进行研究，发现技术密集型制造业转移受分工影响程度最大，其次是资本密集型制造业，劳动密集型制造业转移受分工影响最小。

2.4.4　基于制造业与生产性服务业协同发展

金浩和刘肖（2019）认为京津冀城市群的生产性服务业和制造业在本地市场并未存在协同定位现象，但是随着空间范围的扩大，产业间的吸引力逐渐增强。高级生产性服务业和制造业仅在本地市场存在挤出效应，不受周围地区的影响。低级生产性服务业和制造业在本地具有挤出效应，但周围地区会对本地产业的集聚产生显著正向影响。降低贸易成本会增加生产性服务业和制造业区位选择的吸引力。冯剑（2018）的研究发现，产业关联并没有对京津冀城市群生产性服务业和制造业协同集聚表现出明显的促进作用，反映了该地区存在明显的产业断层或产业悬崖。商务成本与协同集聚水平呈倒U形关系，京津冀城市群的整体商务成本已经超过均衡值（最优点），并且仍呈逐渐上升趋势，不利于本地区生产性服务业与制造业的协同集聚。李宁和韩同银（2018）对于影响生产性服务业与制造业之间协同关系的主要因素进行讨论，发现市场规模、人力资本、技术进步、外商直接投资4个驱动因素与京津冀两产业协同发展呈正相关，而市场化程度、环境水平2个驱动因素与京津冀两产业协同发展呈负相关。

2.4.5 京津冀城市群制造业时空演化发展简评

京津冀城市群作为国家三大城市群之一，承担了引领中国区域经济发展的重要责任，同时由于北京特殊的政治地位，城市群内部的协调发展也成为中国诸多城市群中最为困难的代表之一。京津冀城市群的制造业在中国北方地区具有传统优势，但是随着北京疏解首都非功能区战略的进一步实施，北京传统制造业的转移以及河北如何在此背景下顺利承接这些制造业的发展成为京津冀城市群经济一体化最重要的研究领域。

目前关于京津冀城市群制造业的演化与布局的相关研究中，更多是从理论层面探讨制造业的转移路径，这种产业布局形式需要政府的引导，但是在行政壁垒的约束以及企业追求利润最大化的发展目标两项约束因素的叠加下，这种政府引导式的产业发展路径的实践性相对较弱。在对于目前京津冀城市群制造业的实证研究中，研究对象更多聚焦于北京、天津、河北，而缺少对于河北省内不同城市之间的研究。此外，对于制造业的研究也相对较为宽泛，缺少对二位数制造业的进一步讨论。本书正是基于目前的研究现状，通过对于京津冀城市群13个城市制造业下的二位数产业演化情况进行梳理，以期更为全面地探讨京津冀城市群制造业的发展路径。

2.5 本章小结

本章在对产业布局的概念进行整体梳理的基础上，分别对产业聚集与扩散、产业联系两个产业演化的重要概念进行探讨，从发展机理、发展方向、影响因素和测度方法等角度对产业的布局因素、影响机理与评价方法进行全方位梳理。在此基础之上，系统地对京津冀城市群制造业的发展现状进行归纳、总结和提升。通过前人的研究，总结目前京津冀城市群制造业发展的基本概况，寻找研究短板，为下一步的研究奠定理论与实践基础。

第3章 京津冀城市群制造业发展沿革

京津冀城市群作为中国经济发展的增长极之一，在中国制造业的发展演化过程中扮演着举足轻重的作用。本章从整体到局部、从宏观到微观、从历史到现实系统梳理了京津冀城市群制造业的发展脉络，并通过探讨京津冀城市群与中国工业发展的关系来剖析京津冀城市群制造业的发展特征与发展差异，为下一步城市群制造业的有序分工与转移，加快城市群制造业融入国际制造业产业分工，提升京津冀城市群制造业国际竞争力奠定研究基础。

3.1 京津冀城市群工业发展整体趋势

3.1.1 工业带动城市群经济增长的能力逐渐减弱

3.1.1.1 三次产业经济增长变化

在国家产业结构调整不断深化、能源利用方式逐步升级、生态环境保护力度日益加大，以及北京缓解非首都功能区等一系列市场与政策的双重调控下，京津冀城市群的工业发展格局也发生了显著的变化。本书对1978—2017年京津冀城市群工业发展与三次产业的生产总值变化趋势进行统计（如图3-1所示），京津冀城市群的产业发展大体可以分为3个阶段。

第一阶段为1978—1993年的平稳期。随着改革开放政策的实施，资

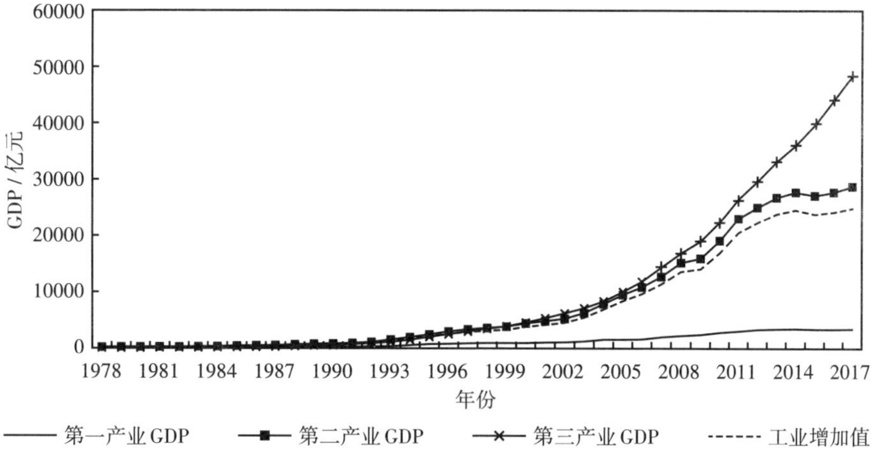

图3-1 京津冀城市群三次产业与工业增加值发展趋势（1978—2017年）

资料来源：根据中国、京津冀城市群13个城市2018年统计年鉴整理。

本红利、人口红利和资源红利不断释放，这段时期京津冀城市群的经济增长开始缓慢复苏，三次产业结构之间的比例差异在20世纪70年代末、80年代初期并不明显，城市群的经济发展方式正由传统的工农经济向工业化社会转变；进入80年代末期，随着工业发展前期需要的固定资产建设逐渐成熟，工业拉动经济增长的能力开始显现，第二产业的发展优势逐渐明显，成为拉动城市群经济增长的主要动力，此时期三次产业结构属于典型的第二产业独大。

第二阶段为1993—2010年的飞跃期。在20世纪90年代，京津冀城市群的工业化发展进入黄金时期，工业发展对于拉动地区经济增长、带动城乡就业、推动区域城市化发展的优势更加明显。在这段时期，河北省借助充沛的自然资源禀赋优势，大力发展传统资源密集型产业，唐山、承德、邯郸等资源型城市在此时期经济高速增长，在城市群产业结构中，工业的比重进一步增强。2005年之后中国的产业结构调整不断深化，京津冀城市群作为环首都城市群，也是产业结构调整先行先试的重点地区之一，第三产业的发展速率与经济体量开始稳步上升，在城市群产业结构的比重逐渐超越第二产业。

第三阶段为2011—2017年的转型期。京津冀城市群三次产业结构的比例在2011年之后不断拉大，第三产业呈现出爆发式增长，第二产业的规模则因为国内外各种因素的影响明显下降，城市群内各城市都进入到淘汰落后产能、培育工业新增长极的工业化中期或是工业化后期阶段，工业对于经济的影响力与带动力开始下降，此外，国家政策对于房地产行业的调控成效也进一步显现，造成房地产市场也有所放缓，因此第二产业在近年来的增长动力有所不足。

3.1.1.2 工业在产业结构占比变化

图3-2反映出在1978—2017年的近40年来，京津冀城市群的工业增加值分别在城市群总体与第二产业生产总值之间的比重。从工业增加值占城市群GDP的比重来看，京津冀城市群近年来的工业发展整体呈现减缓的趋势，在城市群的经济结构中占比逐渐下降。党的十八大之后，习近平总书记对中国的经济发展战略做出了新部署、新规划，尤其在缓解首都非功能区、建设雄安新区、保护生态环境等国家战略的推动下，北京的工业企业在近年来快速向外转移，目前已经进入到以现代服务业为主的后工业时代；天津工业结构提质增效进入到工业化后期；而河北省内的其他城市则既承担着淘汰落后产能、开发朝阳工业的重任，同时又要积极与城市群外的其他城市竞争，争取承接更多经济附加值较高的北京和天津两市的转移工业。因此，近年来，京津冀城市群的工业处于内部

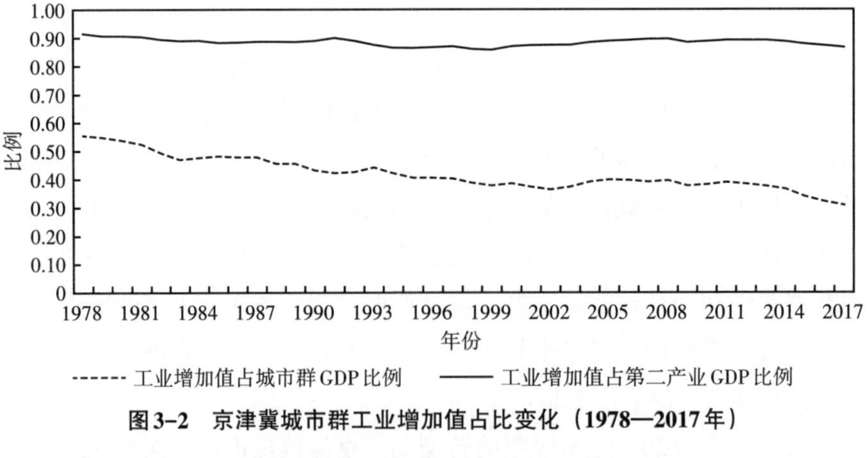

图3-2 京津冀城市群工业增加值占比变化（1978—2017年）

资料来源：根据中国、京津冀城市群13个城市2018年统计年鉴整理。

重新“洗牌”的调整期，发展势头与经济总量在城市群的整体发展中有所放缓。

对于京津冀城市群的工业发展进一步细分，分析城市群工业增加值占第二产业GDP比例趋势（如图3-2所示）可以看出，工业与第二产业整体呈现平衡发展的趋势，表明城市群第二产业的发展相较于第三产业也有所放缓，城市群经济结构已经逐步在向第三产业主导过渡，未来城市群的工业应该加快向科技化程度高、经济附加值高、资源环境影响少的现代化工业体系转型。

3.1.2　工业竞争优势逐渐下降

将京津冀城市群的工业发展水平与全国的经济发展情况进行比较，结果如图3-3所示。从京津冀城市群的工业增加值占中国第二产业的比例和中国工业增加值的比例可以看出，两项比较指标呈现同步上升或者下降的趋势，由此表明工业是第二产业发展的主要决定因素，工业增加值的变动会决定第二产业的波动趋势。

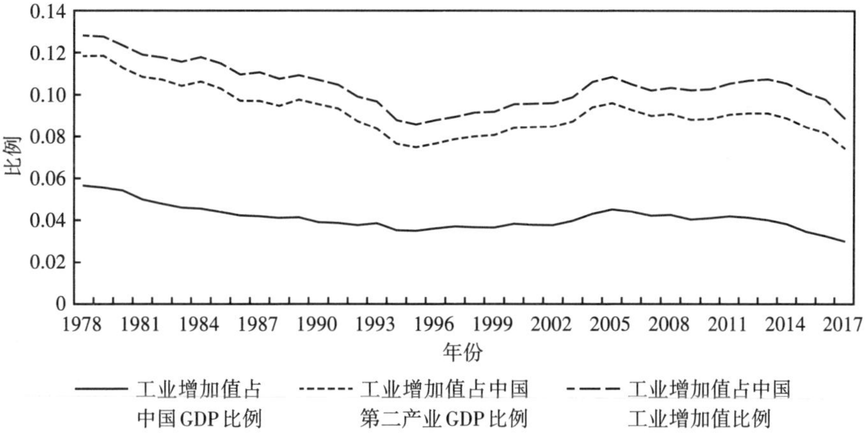

图3-3　京津冀城市群工业增加值与中国相关产业占比变化（1978—2017年）

资料来源：根据中国、京津冀城市群13个城市2018年统计年鉴整理。

将京津冀城市群的工业增加值在全国工业增加值中的占比情况进行分析，可以看出，京津冀城市群的工业发展整体相对平稳，在1978—

1990年左右有所下降，之后保持了近20年的稳定状态，2010年之后，京津冀城市群的工业体量在全国工业的份额中略有下降（如图3-3所示）。

对工业增加值在全国工业增加值占比与上述两项占比指标进行综合研判，本书认为自1978年以来，京津冀城市群的工业在全国范围内表现为3个发展阶段：第一阶段为1978—1993年的快速下降期，随着全国其他地区，尤其是长三角和珠三角的工业迅速崛起，京津冀城市群的工业带动作用和在全国的影响力持续减弱；第二阶段为1994—2005年的回暖期，这个时期京津冀城市群的工业发展稍有回暖，在全国的工业增加值比例有所上升，这段时期的中国经济处于高速发展阶段，基础设施建设、房地产建设等均需要大量的制造业产品，京津冀城市群的资源密集型制造业和资本密集型制造业基础良好，京津冀城市群的工业依靠全国的消费拉动得以回暖；第三阶段为2006—2017年的下降期，随着城市群内各城市的发展定位进一步明确，同时在一系列国内外政策因素的影响下，京津冀城市群的重工业发展受到明显抑制。

3.2 京津冀城市群制造业发展的历史进程

3.2.1 以北京、天津为引领的中国制造业增长极之一（新中国成立初期—1978年）

从新中国成立以来至20世纪70年代末期，京津冀城市群的制造业主要受到计划经济的国家政策调控，城市群制造业发展在中国起到了引领和带动作用，但是城市群内部的制造业发展差异巨大。这段时期北京市的经济建设始终是以发展大工业为指导思想（樊艳云，2009），在这种思想指导下，北京迅速成为中国重要的新兴工业基地，实现了从“消费城市”向“生产城市”的转变。天津依靠新中国成立前期良好的工业基础以及港口优势，轻工、纺织、机械、电子、仪器仪表等制造业始终具有较强的发展优势。对于河北省而言，仅有唐山、承德等资源型城市依赖资源经济得以实现城市制造业的快速发展，其余大部分地区的制造业基本仍然停留在低产品附加值、低科技含量的劳动密集型水平。

3.2.2 制造业多元化发展期（1978—1989年）

1978年，改革开放成为引领中国经济发展的新思路，中国经济也随着改革开放战略的深度实施得到快速发展。这个时期中国特色社会主义市场经济逐步形成，各个城市也不再受制于计划经济的约束，京津冀城市群的制造业在这个阶段开始逐步发展。北京作为国家经济、政治与文化的中心，制造业由传统的大而全开始逐步向强而精转型。北京作为当时中国接受外商投资最活跃的地区，资本、技术与人才等一系列生产要素的大量集聚推动了制造业的科技化水平。天津依托港口经济，在保持原有优势的基础上，依托资本的投入，使得化学纤维制造、化学原料和化学制品制造等资本密集型制造业也快速壮大。河北省则借助煤炭资源和钢铁资源的优势，打造资源型产业完整的产业网络，制造业体系也逐步健全。

3.2.3 制造业分工体系逐渐完善期（1990—2000年）

20世纪90年代，京津冀城市群的制造业进入到发展的黄金时期，依靠区位优势、政治优势、经济优势，重工业的发展速率逐渐超越东北老工业基地，京津冀城市群成为中国北方地区最重要的制造业增长极。由于北京“首都经济”概念的进一步发展，北京市的产业结构在这个时期调整不断深化，制造业的发展结构同样也在逐步发生转变，传统高投入、高耗能、高污染的重工业开始受到约束，汽车制造、电子设备制造、医药制造等技术密集型制造业在此时期快速发展。天津的制造业在这个阶段仍然是快速发展期，在壮大原有制造业的基础之上，同样培育了多种类型的技术密集型制造业，制造业的类型更加丰富。河北相较于北京和天津，在吸引人才、吸引外商投资等方面的能力相对较弱，但是依靠前期对于重工业的培育，钢铁、水泥、化工等资源密集型和资本密集型制造业成为支柱型产业。此外，依靠北京、天津庞大的市场，河北省内的食品加工、造纸、家具、服装等传统劳动密集型制造业的规模也逐渐扩大。

3.2.4 制造业差异化发展期（2001—2012年）

进入21世纪，各个城市都在积极融入全球产业链分工，京津冀城市群的制造业也由多元化发展向专业化发展过渡。北京依靠充足的人才、金融和政策优势，制造业也由技术密集型向战略新兴产业升级，新能源、电子仪器、环保设备、生物工程、3D打印等制造业在这个阶段快速发展；天津则依托滨海新区的建设与发展，培育成熟了航空航天、电子信息、汽车及装备制造、石油和化工、现代冶金、生物制药、新材料、新能源等八大主导产业；河北省也逐步形成了以食品制造业、纺织、冶金、建材、化工、机械、电子、石油、轻工、医药等产业为主体资源与加工相结合的制造业发展结构，京津冀城市群的差异化发展格局基本形成。

3.2.5 制造业格局转型重塑期（2013年至今）

为适应国内外经济形势的不断变化，京津冀产业协同发展的战略愈发重要。由于缓解非首都功能区发展定位进一步明确，北京的产业结构更加明晰，在将来势必以生产性服务业为主，制造业的发展基本稳定在依靠人才、金融等要素密集型的战略新兴产业。天津同样进入到工业化后期，制造业格局逐渐稳定，目前也基本集中在航空航天、电子信息、汽车及装备制造、石油和化工、生物制药、新材料、新能源等产业。河北省的制造业正在面临“阵痛”发展，传统的资源密集型产业发展已经受到国际能源价格波动、产业结构调整、生态环境保护等一系列制约因素的影响，去产能、去杠杆、去库存、降成本、补短板的现实要求迫切。通过产业结构调整升级、强化工艺技术装备制造水平、打造优势环保产业以及积极承接京、津两地的产业转移，河北省的产业链不断完善。近年来，除了传统的钢铁、装备制造、建材、纺织、冶金等制造业科技化水平不断升级之外，汽车制造、高科技产业、节能环保产业以及其他新兴产业的带动作用也在不断增强，逐渐成为河北省制造业的新增长极。

3.3　京津冀城市群制造业的主要特点

3.3.1　区域发展差异仍然巨大

京津冀城市群是由2座直辖市、1座省会城市以及10座地级市共同组成的，城市级别与经济体量极不均衡，近年来随着各市战略定位的调整，制造业的发展虽然有缩小的趋势，但是差异仍然巨大。以2000、2005、2010、2015和2017年共5个时间节点为例，京津冀城市群中首位与末位城市的制造业产值之比分别为32.4、25.6、18.9、25.6、27.3（如图3-4所示）。北京与天津的制造业在城市群中始终保持着绝对优势，2008年之后，北京“首都经济”的建设使得制造业比例开始逐渐下调，城市的制造业总产值基本稳定在10000亿元左右。天津则继续巩固制造业强市的发

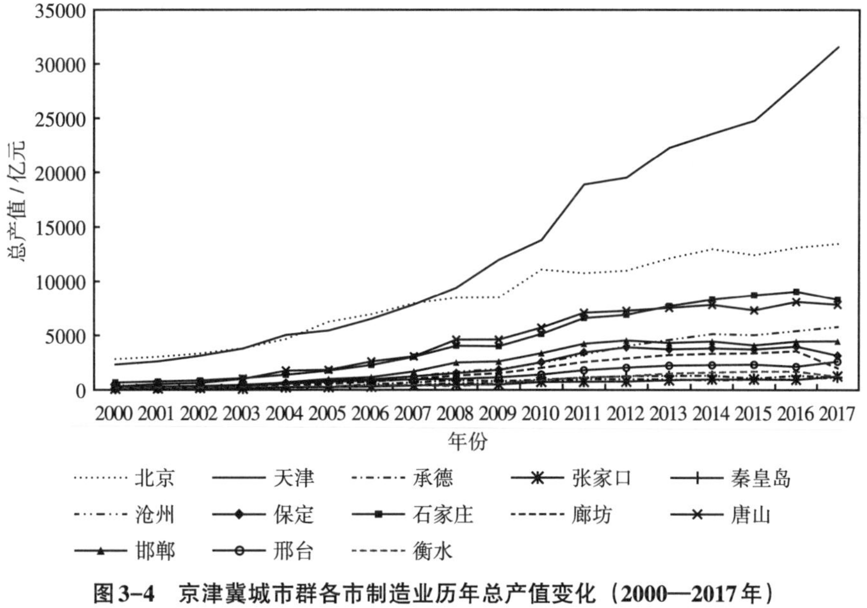

图3-4　京津冀城市群各市制造业历年总产值变化（2000—2017年）

资料来源：京津冀城市群13个城市2001—2018年统计年鉴整理。

展地位，随着装备制造、新能源、新材料等先进制造业的发展，天津市的制造业进入到现代化制造业发展阶段，城市经济结构进入后工业时代。河北省的石家庄、唐山、沧州继续依托良好的制造业发展基础，近年来实现对钢铁、装备制造、建材、纺织等产业的转型升级，其他城市积极探索承接产业转移，制造业也都稳步发展。值得注意的是张家口、承德和秦皇岛三市的制造业发展情况，张家口由于承担着防沙治沙的生态重任，重工业发展受到严格限制；承德则由于本身区位条件的限制与资源经济的双重影响，制造业发展受到多种因素阻碍；秦皇岛虽然位于渤海湾，港口带动的区位优势明显，但是由于工业基础相对薄弱，产业链条不够完善，制造业发展速率也相对较低。这3个城市成为京津冀城市群制造业发展最为薄弱的3市，截至2017年底，3市制造业的总产值仍然没有超过1500亿元。

3.3.2 制造业内部结构变化并不明显

3.3.2.1 制造业整体发展情况

表3-1反映了2000、2005、2010、2015和2017年5个时间节点下，京津冀城市群制造业中排名前5位的子行业产值与当年制造业总产值之比的情况。由表3-1可以看出，进入21世纪，京津冀城市群的优势制造业基本集中在技术密集型的汽车制造，计算机、通信和其他电子设备制造业，化学原料和化学制品制造业，电气机械和器材制造业，资源密集型的石油加工、炼焦和核燃料加工业、金属制品业，资本密集型的黑色金属冶炼和压延加工业，上述优势产业历年来的总产值占到当年制造业总产值的50%左右。

表3-1　不同时间节点下京津冀城市群前5位制造业统计

2000年		2005年		2010年		2015年		2017年	
行业	占比	行业	占比	行业	占比	行业	占比	行业	占比
计算机、通信和其他电子设备制造业	15.84%	黑色金属冶炼和压延加工业	22.51%	黑色金属冶炼和压延加工业	24.23%	黑色金属冶炼和压延加工业	18.21%	黑色金属冶炼和压延加工业	18.12%
黑色金属冶炼和压延加工业	11.96%	计算机、通信和其他电子设备制造业	14.42%	汽车制造业	9.91%	汽车制造业	11.03%	汽车制造业	11.81%
化学原料和化学制品制造业	7.70%	石油加工、炼焦和核燃料加工业	7.63%	计算机、通信和其他电子设备制造业	8.32%	计算机、通信和其他电子设备制造业	6.84%	计算机、通信和其他电子设备制造业	6.15%
电气机械和器材制造业	7.09%	汽车制造业	7.28%	石油加工、炼焦和核燃料加工业	6.48%	金属制品业（C33）	5.94%	金属制品业（C33）	5.87%
石油加工、炼焦和核燃料加工业	6.75%	化学原料和化学制品制造业	5.53%	化学原料和化学制品制造业	5.43%	化学原料和化学制品制造业	5.69%	化学原料和化学制品制造业	5.38%
合计	49.34%	合计	57.37%	合计	54.37%	合计	47.71%	合计	47.33%

资料来源：京津冀城市群13个城市2001、2006、2011、2016、2018年统计年鉴。

分别对比上述优势制造业在不同时间节点的变化来看，黑色金属冶炼和压延加工业基本保持了稳定的发展趋势，近年来的总产值始终保持在第一位；汽车制造业发展迅速，2005年之后，生产总值超越计算机、通信和其他电子设备制造业，仅次于黑色金属相关制造业；金属制品业的发展较为稳定，逐渐替代石油相关制造业成为京津冀城市群制造业发展的重点产业。

3.3.2.2 不同类型制造业发展情况

（1）劳动密集型制造业

10个劳动密集型制造业在5个研究时间节点上整体呈现收缩的趋势（如图3-5所示），京津冀城市群劳动密集型制造业的比例逐渐下降，由2000年的2.09%下降至2017年的1.73%。其中，酒饮料类制造业、纺织业、纺织服装业、造纸业、印刷相关制造业下降趋势明显，而农副食品加工业、食品制造业、皮革相关制造业以及文教相关用品制造业的发展势头良好。

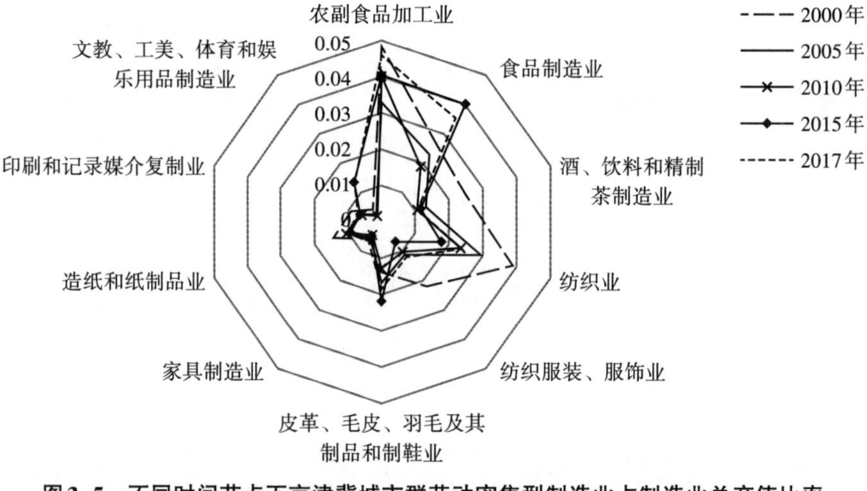

图3-5 不同时间节点下京津冀城市群劳动密集型制造业占制造业总产值比率

资料来源：京津冀城市群13个城市2001、2006、2011、2016、2018年统计年鉴。

（2）资本密集型制造业

随着近年来资本要素市场的发展机制更加灵活，5个资本密集型制造业在京津冀城市群发展态势良好，总产值所占比例在5个研究时间节点上呈现上升趋势（如图3-6所示），由2000年的15.36%增加到2017年的23.51%，其中，烟草制品业在近年来保持稳定发展，木材相关制造业在

2010年之后发展受到市场需求减少、生态环保约束增加等一系列制约因素的影响，体量有所下降；化学纤维制造业经历了倒U形的发展趋势，在2010年前后产值明显下降，随着近年来各城市技术升级改造以及新材料的研发和生产技术逐渐成熟，化学纤维制造业的发展动力显著增强，产业的比例明显提升；传统的黑色金属和有色金属相关产业均属于高投入、高耗能、高污染的“三高”企业，随着京津冀城市群生态环保治理一体化政策的施行，这类资本密集型产业正处于技术改造、企业重组、产业升级的转型关键期，因而近年来产业发展缺乏动力，在京津冀城市群制造业中的份额有所下降，但是经济体量占比始终超过18%的绝对优势。

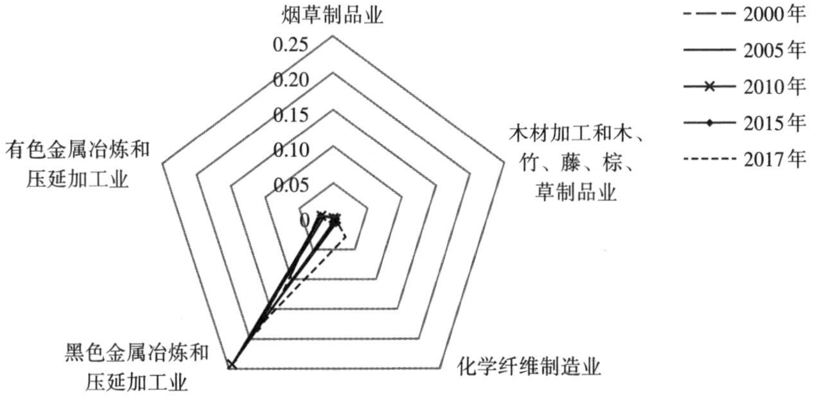

图3-6　不同时间节点下京津冀城市群资本密集型制造业占制造业总产值比率

资料来源：京津冀城市群13个城市2001、2006、2011、2016、2018年统计年鉴。

（3）技术密集型制造业

技术密集型制造业是京津冀城市群的优势行业，尤其在汽车制造、化学原料和化学制品制造方面在全国具有重要影响力。近年来，虽然京津冀城市群内其他地级市产业都在不断转型升级，但是技术密集型制造业在制造业中的占比基本维持在37%左右，并没有产生明显的变动（如图3-7所示）。这一方面可能是由于产业转型升级需要时间，技术密集型制造业从投资、研发再到生产销售的各个环节都需要发展周期，所以短时间内未能带来明显的经济效益；另一方面，各城市原先发展的传统产业也同样在进行技术改造，一旦这部分产业的转型取得成功，由于经济发展往往遵循路径依赖原则，传统产业也可能会对其他技术密集型制造业产生一定的挤出效应。

从不同的行业来看，9个技术密集型制造业在5个研究时段上基本呈现扩展发展的趋势，汽车制造业、化学原料和化学制品制造业、医药制造业、专用设备制造业、铁路及其他运输设备制造业在近年来发展迅速，电气相关制造业和专用设备制造业则有下滑的趋势。

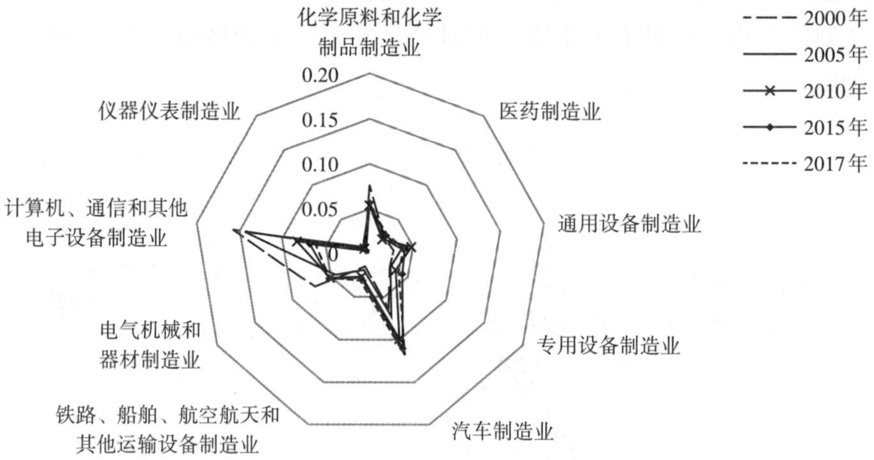

图3-7　不同时间节点下京津冀城市群技术密集型制造业占制造业总产值比率

资料来源：京津冀城市群13个城市2001、2006、2011、2016、2018年统计年鉴。

（4）资源密集型制造业

从整体来看，资源密集型制造业是全部4类制造业中发展最为稳定的一类，其产值占比在5个研究时段内发展平稳，基本维持在16%~17%（如图3-8所示）。从不同行业来看，橡胶和塑料制品业、非金属矿物制品业在近年来发展稳定，产值占比分别维持在2.2%和3.5%左右，石油加工、炼焦和核燃料加工业在2010年之后下滑严重，但是仍然维持在4.7%左右的水平，金属制品业则在2010年后发展迅速，逐渐超越石油加工等相关产业的经济体量。

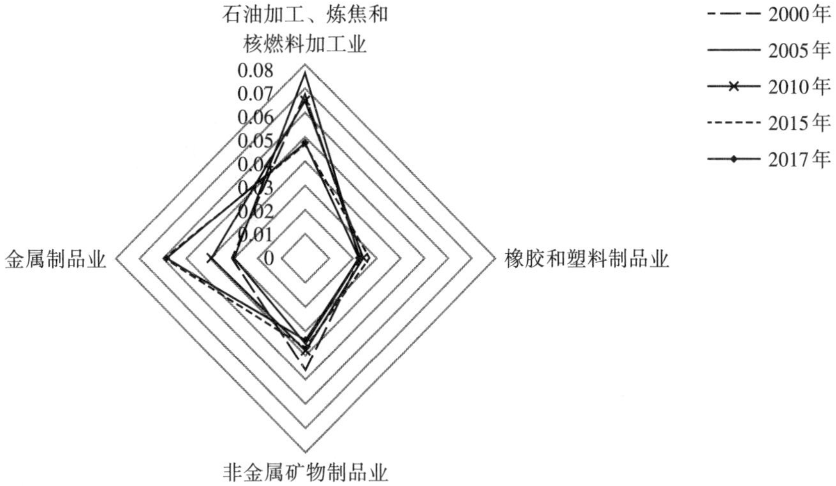

图3-8　不同时间节点下京津冀城市群资源密集型制造业占制造业总产值比率

资料来源：京津冀城市群13个城市2001、2006、2011、2016、2018年统计年鉴。

3.4　本章小结

本章通过脉络梳理的方式，首先从宏观角度对京津冀城市群1978—2017年的工业发展整体趋势进行梳理，发现改革开放以来，京津冀城市群的工业发展对于中国经济的带动作用逐渐减弱，随着长三角、珠三角等城市群制造业的发展和产业结构的完善，京津冀城市群的工业竞争优势在逐渐弱化。从京津冀城市群制造业本身的发展历程来看，在新中国成立初期到1978年，京津冀城市群的制造业在北京和天津两大工业强市的拉动下，始终是中国制造业的增长极之一；1978—1989年，制造业进入到多元化发展的起步期；1990—2000年，城市群内制造业分工体系逐渐鲜明；进入21世纪，各城市依托中国经济快速发展的黄金时期大力发展制造业，城市群内制造业的发展差异逐渐扩大；2013年之后，城市群的制造业进入到转型重塑的协同发展时期。综合来看，京津冀城市群的制造业在13座城市发展差异巨大，自2000年以来，优势行业结构相对稳定，技术密集型制造业对于城市群经济的促进作用明显高于其他类型的制造业。

第4章　京津冀城市群制造业时空分布演化

随着经济全球化程度不断加深，中国参与国际产业分工的进程不断加快，京津冀城市群作为中国制造业的主要生产地之一，也成为承接全球制造业转移的重要区域。此外，随着缓解北京非首都功能的政策措施不断完善，天津制造业发展进入转型升级的关键时期，北京与天津境内的传统制造业也在有序向河北省其他地区转移，环北京、天津的城市在国内外两重利好消息的激励下，制造业迎来新一轮的发展机遇。基于目前国内外的现实发展背景和政策环境，本章从时间和空间两个维度，对2000—2017年京津冀城市群整体以及13个城市制造业的强弱演化趋势、竞争力关系以及相互影响强度等发展特征进行系统描述。

4.1　京津冀城市群专业化分工变化趋势

4.1.1　专业化分工强度

4.1.1.1　研究方法

区位熵（Location Quotient）也被称为产业专业化指数、专门化率，通过衡量地区产业结构的专业化和集中程度来反映产业的相对发展水平、优势行业的地区分布及产业的区域专业化生产状况，进而揭示区域分工的基本格局（张祥等，2013）。

$$LQ_{ij}=\frac{X_{ij}\Big/\sum_{j=1}^{m}X_{ij}}{\sum_{i=1}^{n}X_{ij}\Big/\sum_{i=1}^{n}\sum_{j=1}^{m}X_{ij}} \tag{4-1}$$

式中，X_{ij}为i地区j产业的制造业总产值；分子为i地区j产业产值在i地区制造业总产值中的比例；分母为i地区j产业产值在地区制造业总产值中的比例。若$LQ_{ij}>1$，说明i地区j产业专业化程度较高，产业供给能力满足本地需求而有余，为优势产业；反之，则i地区j产业专业化程度较低，产业供给能力不能满足本地需求，需要由区外调入，为劣势产业。LQ_{ij}越大，其发展优势特征越明显，产业部门的集中程度越高，该产业在背景区域的专业化程度越高（刘杰，2013）。

4.1.1.2 数据来源与说明

本书选择2000、2005、2010、2015、2017年共5个时间节点作为京津冀城市群制造业专业化分工演化的时间基期，主要基于以下两方面的考虑：一是制造业的发展涉及多种生产要素的投入，一个地区无论是引入某一制造业还是迁移某一制造业，都需要较长的周期，所以短时间内制造业的变化特征并不明显，因此本书选择5年作为一个时间节点，对其进行长时间尺度的研究；二是2000—2017年跨越中国“九五”末期到“十三五”中期，历经5个“五年计划”，能清晰显示出中国经济从高速增长到中高速增长背景下京津冀城市群制造业分工与转移的特征。

本节数据主要来源于2001、2006、2011、2016与2018年京津冀城市群内13个城市的统计年鉴与统计公报。

4.1.1.3 结果分析

（1）京津冀城市群制造业整体发展

在2000、2005、2010、2015和2017年5个时间节点上，京津冀城市群的制造业分别有15个、23个、23个、15个和15个子行业的区位熵指数大于1（见表4-1）。从具体行业来看，劳动密集型的农副食品加工业、酒饮料和精制茶制造业、造纸和纸制品；资本密集型的烟草制品、木材加工和木竹藤棕草制品业、黑色金属冶炼和压延加工业；技术密集型的电气机械和器材制造业；资源密集型的橡胶和塑料制品业、非金属矿物制品业、金属制品业的区位熵指数在5个研究时间节点上均大于1，说明这些行业属于京津冀城市群的传统优势行业。此外，劳动密集型的食品制造业、皮革毛皮羽毛及其制品和制鞋业、造纸和纸质业、印刷和记录媒介服务业；资本密集型的化学纤维制造业；技术密集型的化学原料和化学制品制造业、通用设备制造业、专用设备制造业，这些行业的区位熵虽然略有波动，但是在研究时段内基本保持了大于1的发展水平，也属于较有优势的发展行业。

表4–1　京津冀城市群制造业行业专业化强度

类别	子行业	2000年	2005年	2010年	2015年	2017年	2017—2000年
劳动密集	C13	1.20	2.19	2.04	1.37	1.48	0.28
	C14	1.38	1.24	1.53	1.01	0.98	−0.40
	C15	1.69	1.14	1.17	1.69	1.65	−0.05
	C17	1.38	1.63	2.37	1.19	1.30	−0.08
	C18	1.24	0.94	1.23	0.79	1.04	−0.20
	C19	1.33	2.34	1.81	1.01	0.88	−0.45
	C21	0.73	1.33	1.58	1.04	0.97	0.24
	C22	1.59	1.67	1.65	0.99	1.00	−0.58
	C23	0.87	1.00	1.37	1.00	1.03	0.16
	C24	0.72	1.19	1.80	0.78	0.80	0.08
资本密集	C16	2.98	3.63	1.35	2.22	3.69	0.71
	C20	1.39	1.75	1.59	1.19	1.50	0.11
	C28	1.92	1.08	1.73	1.09	0.43	−1.49
	C31	1.66	1.48	1.40	1.27	1.17	−0.50
	C32	1.31	1.46	1.44	0.92	0.85	−0.47

表4-1（续）

类别	子行业	2000年	2005年	2010年	2015年	2017年	2017—2000年
技术密集	C26	1.28	1.39	1.65	0.97	1.31	0.03
	C27	0.99	1.03	0.89	0.69	0.70	-0.29
	C34	1.08	1.25	1.28	0.90	0.81	-0.27
	C35	1.10	1.70	1.58	0.96	1.02	-0.08
	C36	0.44	0.27	0.29	0.81	0.87	0.43
	C37	0.67	0.61	0.68	0.65	0.62	-0.05
	C38	1.08	1.37	1.51	1.04	1.09	0.01
	C39	0.32	0.34	0.49	0.48	0.53	0.21
	C40	0.51	0.49	0.61	0.66	0.77	0.25
资源密集	C25	0.62	1.04	1.20	0.76	0.72	0.10
	C29	1.31	1.49	1.90	1.18	1.13	-0.18
	C30	1.37	1.67	1.69	1.24	1.38	0.00
	C33	1.20	1.71	1.63	1.01	1.12	-0.08

从各子行业的具体指数变化来看（见表4-1），2000—2017年，京津冀城市群的制造业有15个行业的区位熵呈下降趋势，12个行业区位熵呈上升趋势，非金属矿物制品业的区位熵保持不变。其中，在呈下降趋势的行业中，劳动密集型与资本密集型的行业下降比例最高，均达到行业占比的3/5，说明在近年来京津冀城市群的制造业发展过程中，资本投入与资源投入的比例结构有所下降。这一方面是因为北京、天津作为京津冀城市群的中心，制造业结构调整不断加深，尤其是缓解北京非首都功能区的政策实施以来，北京转移出了大量的劳动密集型制造业，这一部分转移的制造业有可能会寻求劳动力成本更加低廉的西部地区，进而降低劳动密集型制造业的发展优势；另一方面，传统的资本密集型产业多为高耗能、高污染、高排放的“三高”产业，对于资源和环境系统的影响较大，近年来京津冀地区在生态环境方面实施联防联治策略，整合与

关闭了大量的传统落后产能企业，因此这部分子行业的发展受到了较为明显的影响，导致京津冀城市群此类产业的发展速度整体放缓。

（2）京津冀城市群各城市的制造业发展

由于资源禀赋、经济基础、历史原因、政策调控等各项因素的综合影响，京津冀城市群的制造业发展表现出明显的差异化特征（如图4-1所示）。从各个城市的优势行业发展数量来看，天津、保定、石家庄、廊坊、邢台和衡水的制造业优势行业明显高于其他城市，其中石家庄市制造业在5个时间节点的优势行业总数达到78个，达到优势行业数量最少的唐山市2倍之多。

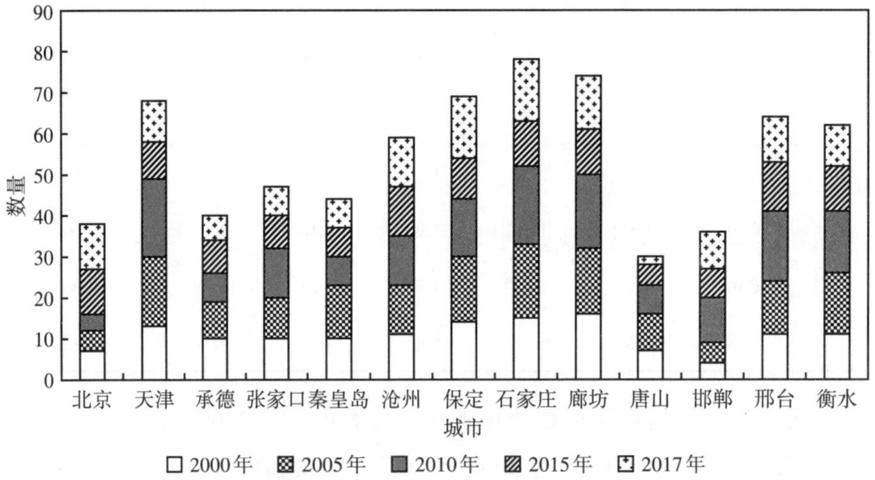

图4-1 京津冀城市群内各城市制造业优势行业数量

从各个城市优势制造行业的具体类型来看，北京的优势行业长期稳定在汽车制造业、铁路船舶航空航天和其他运输设备制造业及计算机、通信和其他电子设备制造业等技术密集型制造业，这与北京市现代化制造业的战略定位基本一致。值得注意的是，近期纺织业、家具制造业等劳动密集型制造业在京津冀城市群内的专业化程度不断提升，这可能是由于北京的市场仍然具有明显的虹吸效应，虽然劳动力、土地等生产要素的成本在不断提升，但是人力与科技的吸引力使得这部分劳动密集型企业依然选择在北京发展。天津作为传统的制造业强市，在2010年优势行业数量达到峰值，随着近年来制造业不断提质增效，天津市的制造业基本稳定在传统的食品制造业、有色金属冶炼和压延加工业、铁路船舶航空航天和其他运输设备制造业及计算机、通信和其他电子设备制造业。承德市的制造业发展相对较弱，近年来的优势行业集中在劳动密集型的食品制造相关产业和资本密集型的木材制品业、黑色金属冶炼和压延加工业、有色金属冶炼和压延加工业。张家口的劳动密集型产业具有较强的发展优势，此外，烟草制品业在京津冀城市群中具有明显优势，专用设备制造与非金属矿物制品业专业化程度较高。秦皇岛由于地缘优势，铁路船舶航空航天和其他运输设备制造业一直较有优势，此外，黑色金属冶炼和压延加工业、有色金属冶炼和压延加工业、汽车制造业、非金属矿物制品业也发展得较为稳定，专业化程度较高。沧州的制造业特点较为明显，主要集中在资源密集型的石油加工炼焦和核燃料加工业、橡胶和塑料制品业、非金属矿物制品业、金属制品业等产业。此外，在化学纤维制造、化学原料和化学制品制造业、通用设备制造业、专用设备制造业以及电气机械和器材制造业方面也具有一定优势。保定的劳动密集型和资本密集型制造业基础相对较好，同时医药制造业的快速发展也显示保定在逐步向高技术、高附加值的方向升级。石家庄作为河北省的省会，是京津冀城市群发展的第三极，也是制造业优势行业最多的城市，但是目前石家庄的优势制造业仍然以劳动密集型为主，技术密集型的化学原料和化学制品制造业和医药制造业具有一定优势。廊坊由于紧邻北京与天津，作为承接两大城市产业转移地缘最具优势的城市，其制造业发展基础较好，近年来在保持传统的农副食品加工业、家具制造业等劳动密集型产业之外，通用设备制造业，计算机、通信和其他电子设备制造业，仪器仪表制造业等技术密集型产业也得到快速发展。唐山属于典型的资源型城市，资本与资源密集型产业发展基础较好，在黑色金属冶炼和压延加工业、金属制品业始终保持着绝对优势。邯郸、邢台位于河北省西南部，距离城市群的绝对增长极北京和天津较远，制造业的优势行业集中在传统的劳动密集型产业，近年来通用设备制造业、电气机械和器材制造业发展规模逐渐扩大。衡水的优势制造业集中分布于劳动密集型和资源密集型两类。京津冀城市群内各城市制造业行业专业化强度见表4-2。

表 4-2　京津冀城市群内各城市制造业行业专业化强度

城市	2000年	2005年	2010年	2015年	2017年
北京	C23/C35/C36/C37/C39/C40/C25	C23/C36/C37/C39/C40	C36/C37/C39/C40	C15/C21/C23/C27/C35/C36/C37/C38/C39/C40/C25	C15/C18/C21/C23/C27/C34/C35/C36/C37/C39/C40
天津	C18/C21/C24/C20/C26/C27/C34/C37/C38/C39/C40/C29/C30	C18/C21/C22/C24/C20/C32/C26/C27/C34/C35/C37/C38/C39/C40/C25/C29/C33	C13/C14/C18/C21/C22/C24/C16/C32/C26/C27/C34/C35/C37/C38/C39/C40/C25/C29/C33	C14/C18/C24/C32/C34/C35/C37/C39/C25	C14/C24/C28/C32/C26//C34/C37/C39/C25/C29
承德	C14/C15/C18/C23/C31/C32/C27/C34/C40/C30	C14/C15/C17/C28/C31/C32/C27/C29/C30	C13/C14/C15/C20/C31/C32/C40	C13/C14/C15/C20/C31/C32/C40/C30	C13/C14/C15/C20/C31/C32
张家口	C15/C22/C23/C16/C31/C26/C27/C34/C35/C29	C14/C15/C19/C23/C16/C31/C26/C27/C35/C30	C13/C14/C15/C17/C21/C23/C24/C31/C32/C26/C35/C30	C13/C14/C15/C16/C31/C32/C35/C30	C13/C14/C15/C16/C26/C35/C30
秦皇岛	C13/C15/C22/C20/C28/C31/C32/C26/C34/C30	C13/C15/C22/C28/C31/C32/C26/C34/C35/C37/C38/C30/C33	C13/C22/C31/C32/C35/C37/C30	C13/C31/C32/C35/C36/C37/C30	C13/C31/C32/C35/C36/C37/C30
沧州	C13/C17/C19/C22/C28/C26/C35/C38/C25/C29/C33	C13/C17/C19/C22/C26/C34/C35/C38/C25/C29/C30/C33	C17/C19/C24/C28/C26/C34/C35/C38/C25/C29/C30/C33	C19/C24/C28/C26/C34/C35/C38/C40/C25/C29/C30/C33	C19/C24/C28/C26/C34/C35/C38/C40/C25/C29/C30/C33
保定	C15/C17/C22/C23/C16/C20/C28/C32/C26/C34/C36/C38/C29/C30	C15/C17/C18/C19/C22/C23/C24/C16/C20/C28/C32/C26/C34/C38/C29/C33	C14/C17/C18/C19/C22/C23/C24/C16/C28/C32/C34/C38/C29/C33	C17/C18/C19/C22/C23/C16/C32/C36/C38/C29	C15/C17/C18/C19/C22/C23/C24/C16/C20/C32/C27/C36/C38/C29/C30

表4-2（续）

城市	2000年	2005年	2010年	2015年	2017年
石家庄	C14/C17/C19/C21/C22/C23/C16/C20/C28/C26/C27/C34/C35/C25/C30	C13/C14/C17/C19/C21/C22/C23/C16/C20/C28/C26/C27/C34/C35/C25/C29/C30/C33	C13/C14/C17/C18/C19/C21/C22/C23/C16/C20/C28/C26/C27/C34/C35/C25/C29/C30/C33	C13/C21/C22/C23/C20/C31/C26/C34/C29/C30/C33	C13/C17/C18/C19/C21/C22/C23/C16/C20/C26/C27/C38/C40/C29/C30
廊坊	C13/C14/C18/C21/C22/C23/C24/C20/C31/C34/C35/C37/C38/C29/C30/C33	C13/C14/C21/C22/C23/C24/C20/C31/C26/C34/C35/C37/C38/C29/C30/C33	C13/C14/C21/C22/C23/C24/C20/C31/C32/C26/C34/C35/C37/C38/C39/C29/C30/C33	C13/C21/C22/C23/C20/C31/C26/C34/C29/C30/C33	C13/C21/C22/C23/C20/C31/C32/C26/C34/C39/C40/C29/C30
唐山	C15/C19/C22/C16/C31/C37/C30	C17/C19/C21/C22/C16/C20/C28/C31/C30	C22/C31/C34/C35/C25/C30/C33	C16/C31/C37/C30/C33	C31/C33
邯郸	C17/C22/C31/C30	C13/C17/C22/C31/C30	C13/C14/C17/C18/C21/C20/C28/C31/C34/C29/C30	C13/C17/C18/C20/C31/C34/C30	C13/C15/C17/C18/C22/C31/C34/C30/C33
邢台	C13/C14/C17/C31/C34/C35/C37/C38/C25/C29/C30	C13/C14/C17/C18/C24/C31/C26/C34/C35/C38/C25/C29/30	C13/C14/C17/C18/C19/C23/C24/C28/C31/C32/C26/C34/C35/C38/C25/C29/C30	C13/C14/C17/C18/C23/C24/C26/C34/C38/C25//C29/C30	C13/C14/C17/C18/C24/C26/C34/C38/C25/C29/C30
衡水	C15/C17/C18/C24/C20/C26/C35/C38/C29/C30/C33	C13/C15/C17/C18/C19/C21/C24/C20/C27/C34/C35/C38/C29/C30/C33	C13/C14/C15/C17/C18/C19/C21/C24/C20/C26/C34/C38/C29/C30/C33	C13/C15/C18/C19/C24/C20/C26/C34/C29/C30/C33	C13/C15/C18/C19/C24/C20/C26/C29/C30/C33

4.1.2 平均集中率

4.1.2.1 研究方法

为进一步分析京津冀城市群制造业集聚程度及趋势，本书借鉴范剑勇（2004）对地区的产业集中率的计算方法，对城市群制造业的产业平均集中率指标进行分析，地区产业集中率的变化对于理解产业空间分布的变化更加直观，计算公式如下：

$$v_i = \frac{\sum_k v_{ik}}{k} \tag{4-2}$$

式中，$v_{ik} = \frac{E_{ik}}{\sum_i E_{ik}}$；$E_{ik}$表示$i$地区$k$行业的产值；$v_{ik}$表示$i$地区$k$行业的产值占京津冀城市群该行业全部产值的比例；$v_i$即为$i$地区的产业平均集中率。$v_i$的取值区间为（0，1），数值越趋于0，表示产业平均所占份额越低；数值越趋于1，则表示产业所占份额越高。本书以制造业为研究对象，因此某地区v_i数值越高，则说明该地区的制造业平均所占份额越高，制造业分布越集中，当地制造业越发达。

4.1.2.2 数据来源与说明

研究数据与研究对象同样选择京津冀城市群13个城市2000—2017年共18年的制造业下的28个子行业，具体的行业分类与数据来源详见本章4.1.1.1。

4.1.2.3 结果分析

（1）各城市制造业集中率变化情况

利用式（4-2）计算2000—2017年京津冀城市群各城市制造业的产业平均集中率，结果如图4-2所示，从京津冀城市群13个城市的横向比较来看，北京、天津和石家庄3市的制造业平均集中率最高，制造业分布最为密集，历年的制造业平均集中率均在0.1以上，保定和唐山制造业的平均集中率相对较高，基本在0.05～0.1之间波动，而其余城市的制造业平均集中率较低，基本都在0.05以下波动。

从2000—2017年各城市制造业平均集中率的波动趋势来看，京津冀城市群各城市制造业的集聚程度可以概括为以下4种类型：一是持续上升型，沧州通过不断拓展自身优势产业和承接京、津等地的产业转移，制造业集聚水平迅速增长；二是先升后降的倒U形，河北省内的石家庄、保定、廊坊、邯郸的制造业集中率均呈现这种发展趋势，且4市的拐点基本都出现在2011—2013年；三是震荡下降型，北京、秦皇岛、邢台的制造业集聚程度均呈下降趋势，说明3市的制造业正逐渐向外扩散；四是平稳型，天津、承德、张家口、唐山、衡水的制造业集聚水平变化不明显，仅个别年份出现较小幅度的变化。

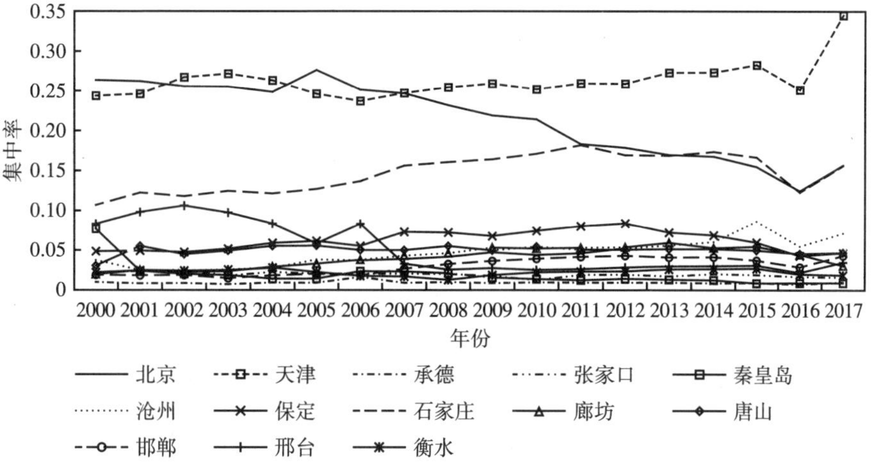

图4-2　京津冀城市群各城市制造业集中率变化情况

（2）不同要素型制造业集中率变化情况

已有研究表明，制造业在集聚或扩散过程中会存在行业上的差异，不同类型的行业在不同地区的发展顺序和规模也存在明显的差异，制造业在转移过程中会由于行业特性不同存在先后顺序。利用式（4-2）分别计算2000—2017年京津冀城市群各城市劳动密集型制造业、资本密集型制造业、技术密集型制造业和资源密集型制造业的产业平均集中率，结果如图4-3～图4-6所示。

由图4–3可以看出，北京的劳动密集型制造业在近年来波动下降，说明近年来北京疏解非首都功能，转移传统制造业的效果显著。此外，唐山由于属于典型的重工业型城市，近年来劳动密集型制造业也在不断扩散。石家庄、保定、廊坊在前期重点培育劳动密集型制造业，2000—2010年，制造业集聚程度明显提升，随着近年来3市制造业结构的调整，传统制造业出现了转移的趋势。沧州、邯郸、衡水的劳动密集型制造业则持续集聚，表现出来较强的积极培育和承接其他城市劳动密集型制造业转移的现象。天津、承德、张家口、秦皇岛、邢台的劳动密集型制造业在近年来稳定发展，产业集中程度变化并不明显。

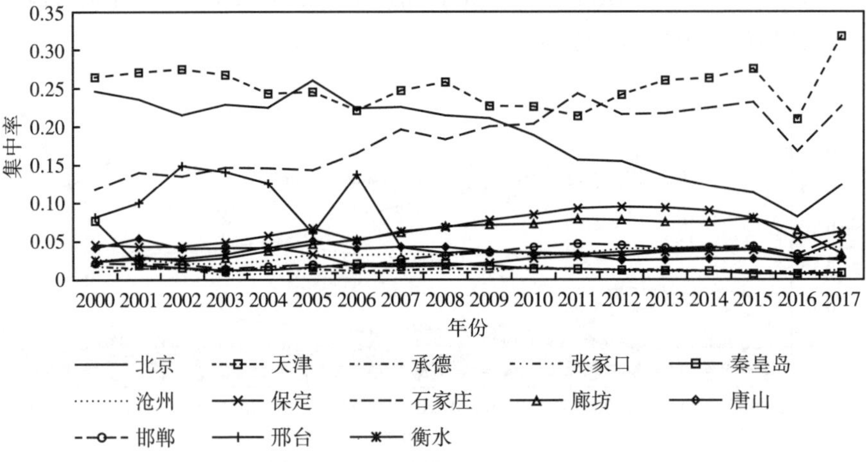

图4–3　京津冀城市群各城市劳动密集型制造业集中率变化情况

由图4–4可以看出，在京津冀城市群中，天津和石家庄的资本密集型制造业最为集聚，其中天津凭借滨海新区配套产业园区的成熟以及港口优势，资本密集型制造业在近年来发展迅速，成为京津冀城市群中最为集中的城市。北京的资本密集型制造业自2000年开始逐渐扩散，在2013年后实现相对稳定的发展状态。保定、张家口、唐山、邯郸的资本密集型制造业发展相对较为集聚，在近年来也基本保持了稳定发展趋势。廊坊由于紧邻北京和天津，承接两市资本密集型制造业转移的区位优势明显，自2008年之后，廊坊的资本密集型制造业呈现出缓慢集聚的趋势。承德、秦皇岛、沧州、邢台和衡水的资本密集型制造业发展基础相对较弱，近年来在承接产业转移方面的效果也并不显著。

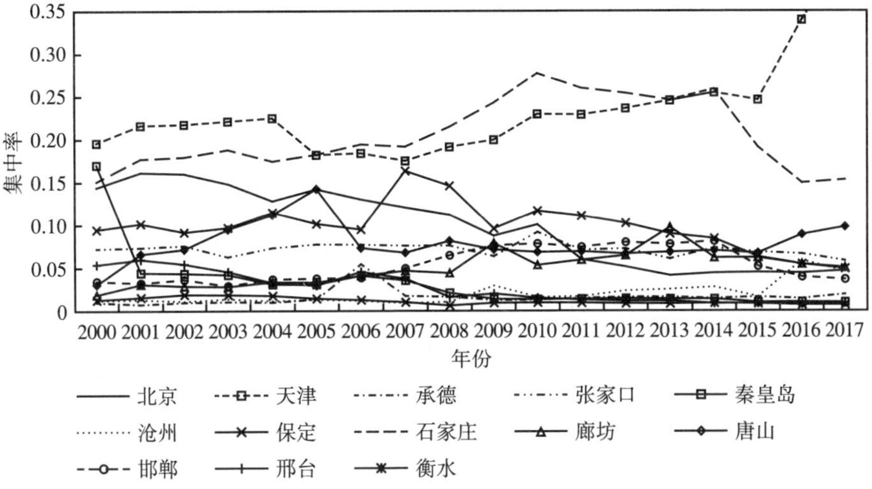

图4-4　京津冀城市群各城市资本密集型制造业集中率变化情况

由图4-5可以看出，京津冀城市群的技术密集型制造业分布极不均衡，主要集中在北京和天津两个增长极之中。石家庄作为城市群内的第三大经济体，技术密集型制造业在近年来发展平稳，并未表现出明显的集聚或扩散的特征。唐山、廊坊、沧州、邢台对于技术密集型制造业的培育成效显著，4市技术密集型制造业集中率明显提升。承德、张家口、邯郸与衡水4市的技术密集型制造业在城市群中发展相对滞后。值得注意的是保定在2012年之前技术密集型制造业集聚态势明显，但是之后开始

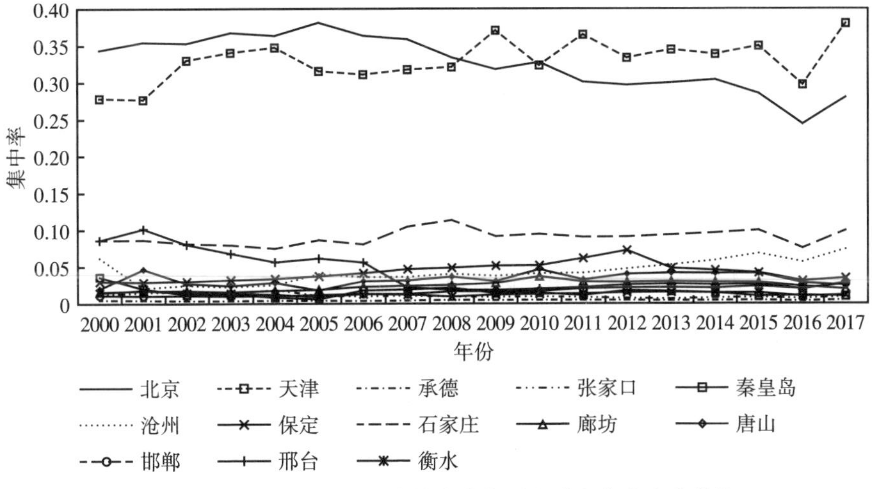

图4-5　京津冀城市群各城市技术密集型制造业集中率变化情况

下降，可能是由于保定对于部分技术密集型制造业的承接力度不如城市群内其他城市，技术密集型制造业开始发生转移。

由图4-6可以看出，天津的资源密集型制造业集聚程度最高，近年来呈现微弱扩散的趋势，但是在2017年开始有所回升。石家庄、沧州、唐山、衡水与邯郸的资源密集型制造业发展迅速，产业集中率整体呈上升趋势。承德与张家口则由于早期资源产业的衰退，同时承担着首都生态功能涵养区的重要生态职责，资源型开发与加工相关产业受到严格的管控，在近年来资源型制造业基本没有得到发展。北京的资源密集型制造业持续扩散，此外，秦皇岛的资源密集型产业集中率也相对较低，且呈现逐渐扩散的趋势。廊坊与保定的资源密集型制造业发展相对平稳，在近年来集聚与扩散的现象不明显。

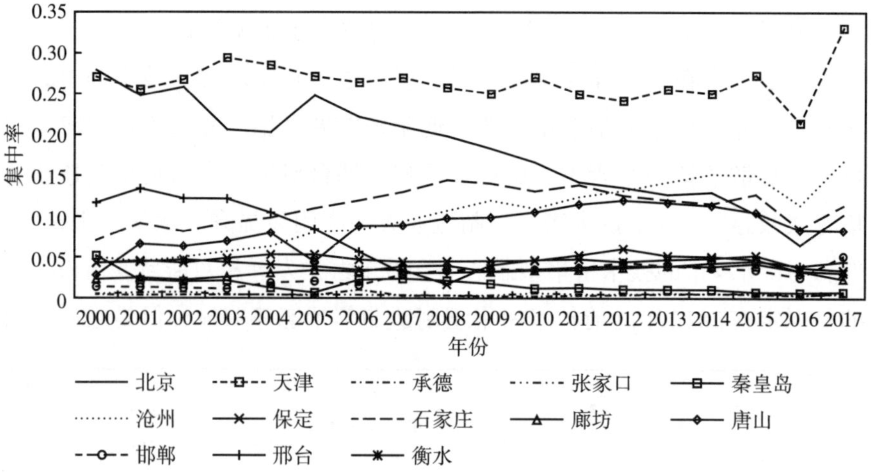

图4-6 京津冀城市群各城市资源密集型制造业集中率变化情况

4.2 京津冀城市群制造业竞争力变化趋势

4.2.1 研究方法

偏离—份额分析法是一种被广泛运用于分析产业结构和区域经济的

方法，它将区域经济的演变看成是一个动态过程，将研究区域增长与标准区域增长间的差异分解为两个分量：第一个分量是产业结构分量，亦称比例偏离，反映地区经济与标准区域间的产业结构差异所造成的影响；第二个分量是竞争分量，亦称差别偏离，反映区域内部各部门以不同于参照区域相应部门的增长而引起的经济活动水平的变化。因而，它反映了一个区域的区位优势或劣势。在此基础上，偏离—份额分析认为被研究区域的经济增长与3个因素有关：总体份额分量、结构份额分量和竞争力份额分量。以此说明经济增长或衰退的原因，分析目标区域经济结构中的优势产业部门，为目标区域未来经济发展确定合理的发展方向和产业结构调整原则（李武军等，2010）。

$$Y_j = N_j + I_j + R_j \tag{4-3}$$

式（4-3）中，Y_j为j地区产值从基期到末期的增长量；N_j为j地区总体份额分量，即j地区产值按照参照区J的增长速度的增长额；I_j为j地区结构份额分量，即j地区产值偏离参照区J的部分，反映了j地区以参照区J为标准产业结构的优劣程度；R_j为j地区竞争力份额分量，其值越大说明该地区的产业竞争力越强。

$$N_j = \sum_{i=1}^{i} Y_{ij}^{t}\left[\left(\frac{S^{(t+1)}}{S^{t}}\right) - 1\right] \tag{4-4}$$

$$I_j = \sum_{i=1}^{i} Y_{ij}^{t}\left[\left(\frac{S_i^{(t+1)}}{S_i^{t}}\right) - \left(\frac{S^{(t+1)}}{S^{t}}\right)\right] \tag{4-5}$$

$$R_j = \sum_{i=1}^{i} Y_{ij}^{t}\left[\frac{Y_{ij}^{(t+1)}}{Y_{ij}^{t}} - \left(\frac{S_i^{(t+1)}}{S_i^{t}}\right)\right] \tag{4-6}$$

式（4-4）至式（4-6）中，Y_{ij}^{t}是t时期j区域i产业的经济活动水平；$Y_{ij}^{(t+1)}$是$t+1$时期j区域i产业的经济活动水平；S_i^{t}是t时期参照区J的i产业的经济活动水平，$S_i^{t} = \sum_{j=1}^{j} Y_{ij}^{t}$；$S_i^{(t+1)}$是$t+1$时期参照区$J$的$i$产业的经济活动水平，$S_i^{(t+1)} = \sum_{j=1}^{j} Y_{ij}^{(t+1)}$；$S^{t}$是$t$时期参照区$J$所有产业的总经济活动水平，

$S^t = \sum_{i=1}^{i} S_i^t$；$S^{(t+1)}$是$t+1$时期参照区$J$所有产业的总经济活动水平，$S^{(t+1)} = \sum_{i=1}^{i} S_i^{(t+1)}$。

4.2.2 数据来源与说明

研究数据与研究对象同样选择京津冀城市群13个城市2000、2005、2010、2015、2017年5个时间节点内制造业下的28个子行业的工业总产值，具体的行业分类与数据来源详见本章4.1.1.2。

4.2.3 结果分析

4.2.3.1 总体经济的偏离—份额分析

京津冀城市群各城市在2000—2005年之间经济整体偏离—份额变化情况如图4-7（a）所示，唐山的结构份额和竞争份额均为正值，说明在京津冀城市群中，唐山的制造业发展合理，竞争力对制造业的推动作用也较为明显；北京、张家口、邯郸、邢台的结构份额为正但竞争份额为负，属于产业结构推动型，其中北京、邯郸与邢台的总偏离为正，表明3市的产业结构相较于城市群其他城市较为合理，且贡献率大于竞争力对经济增长的影响；承德、沧州、保定、廊坊的结构份额为负但竞争份额与总偏离份额均为正，属于竞争力推动型，表明4市的产业竞争力较强，虽然产业结构份额为负，但其产业结构劣势较小，产业竞争份额的优势弥补了产业结构份额的不足；天津、秦皇岛、石家庄、衡水的结构份额与竞争力份额均为负，表明4市的制造业结构与竞争力均在京津冀城市群发展较弱，不具有竞争优势。

京津冀城市群各城市在2006—2010年之间经济整体偏离—份额变化情况如图4-7（b）所示，唐山、沧州、邯郸、廊坊、衡水5市的结构份额和竞争份额均为正值，表明此阶段京津冀城市群南部城市的制造业发展迅速；北京依然保持产业结构推动型，但此时的产业结构贡献率已经较弱，有待进一步优化；保定、石家庄属于竞争力推动型，且竞争优势较大；天津、承德、张家口、秦皇岛、邢台5市的结构份额与竞争力份额均为负。

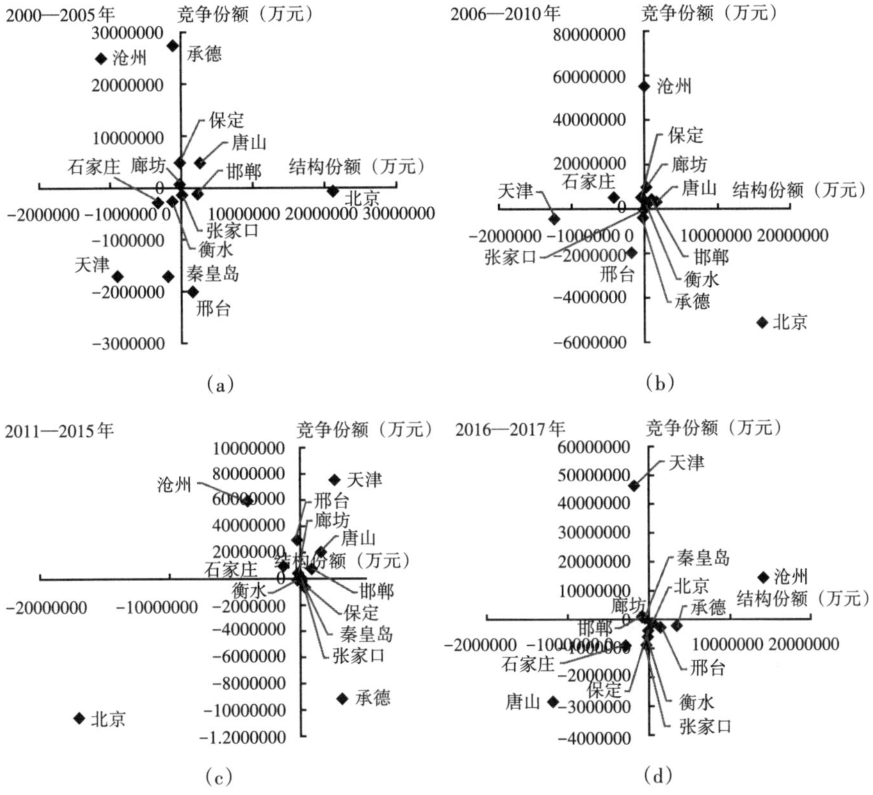

图4-7　京津冀城市群各城市偏离—结构份额变化情况

京津冀城市群各城市在2011—2015年之间经济整体偏离—份额变化情况如图4-7（c）所示，天津、张家口、唐山、邯郸4市的结构份额和竞争份额均为正值，与前一阶段相比，天津、张家口的制造业有了大幅发展，从产业结构到竞争力均表现出明显优势；承德、秦皇岛、保定为产业结构推动型，但是3市的总偏离均为负，表明3市的产业结构优势并不明显，对于经济增长的贡献率低于竞争力份额；沧州、石家庄、廊坊、邢台属于竞争力推动型，其中沧州、廊坊、邢台3市的竞争力优势对于经济增长的贡献高于产业结构；北京、衡水的结构份额与竞争力份额均为负，表明北京的制造业比例在不断下降，经济贡献率在持续减弱。

京津冀城市群各城市在2016—2017年之间经济整体偏离—份额变化情况如图4-7（d）所示，沧州的结构份额和竞争份额均为正值，结合前期沧州的制造业变化趋势，较上一周期产业结构调整取得明显效果；北京、承德、唐山属于产业结构推动型，其中仅有承德总偏离为正，说明承德的产业结构优势明显高于竞争力；天津、秦皇岛、廊坊、邯郸属于竞争力推动型，其中天津、廊坊的产业竞争力对经济增长的贡献高于产业结构；张家口、保定、石家庄、邢台、衡水的结构份额与竞争力份额均为负，其中保定较上一个周期的产业结构优势有所下降，石家庄和邢台的竞争力优势有所下降。

结合2000—2005年、2006—2010年、2011—2015年、2016—2017年4个周期来看，北京、沧州、张家口的产业结构对经济的贡献率要强于竞争力，天津、保定、石家庄、邢台、廊坊、承德、邯郸的产业竞争力要强于产业结构，唐山的产业结构与竞争力前期优势明显，但竞争力影响高于产业结构；秦皇岛、衡水的产业结构与竞争力相对优势均不明显。

4.2.3.2 分行业的偏离—份额分析

进一步对京津冀城市群各城市不同要素的制造业在2000—2017年之间的偏离—份额变化情况进行分析，结果如图4-8所示。

对于劳动密集型制造业来说，在2000—2017年京津冀城市群内各城市的劳动密集型制造业基本呈现结构下降的趋势，沧州、天津、石家庄、廊坊、保定、邯郸、衡水和张家口的竞争份额为正、结构份额为负，均表现出产业竞争力强于产业结构，属于竞争力推动型，其中天津、沧州、保定、石家庄、廊坊、邯郸的总偏离为正，表明这6座城市的产业竞争力对于经济的贡献率强于产业结构；北京、承德、秦皇岛、唐山和邢台5市的产业结构与竞争力均为负值，表明这5座城市的劳动密集型制造业比例在不断下降，对于经济的贡献能力也在逐渐减弱，尤其是承德、秦皇岛、邢台3市，相较于其他城市而言，在承接北京、天津、石家庄等城市的传统制造业产业转移方面的成效不够显著。

对于资本密集型制造业来说，在2000—2017年京津冀城市群内13座城市的资本密集型制造业结构份额全部为正，表明京津冀城市群的资本密集型制造业结构优势明显，其中天津、唐山、沧州、廊坊和邯郸5市的竞争力份额也为正，属于结构竞争力推动型，表明这5座城市的资本密集型制造业在近年来发展速度快、规模较大，产业集聚效应明显；北京、承德、张家口、秦皇岛、石家庄、保定、邢台、衡水8市的竞争份额为负，

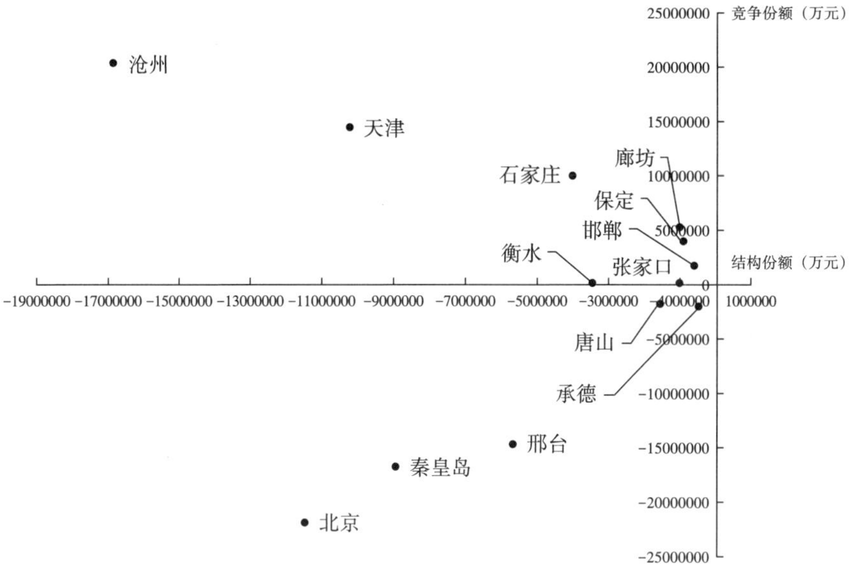

（a）劳动密集型

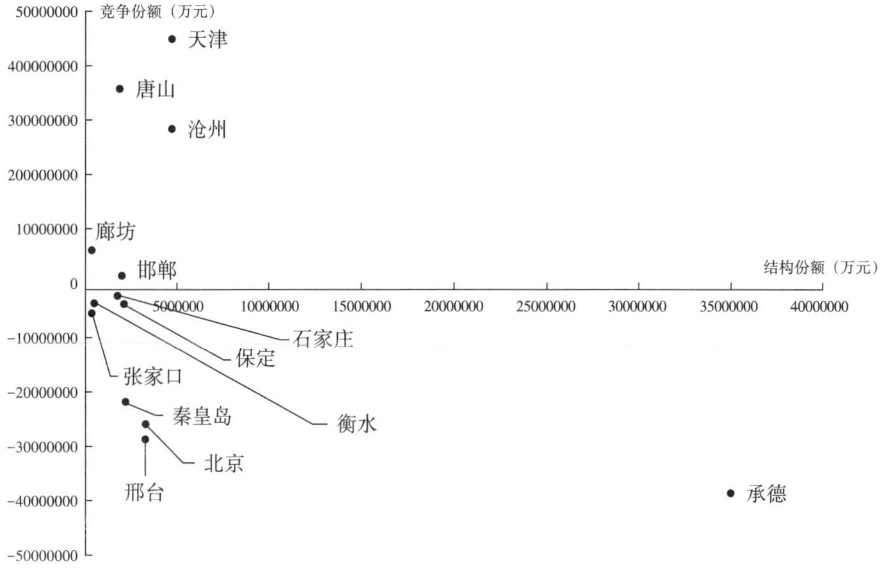

（b）资本密集型

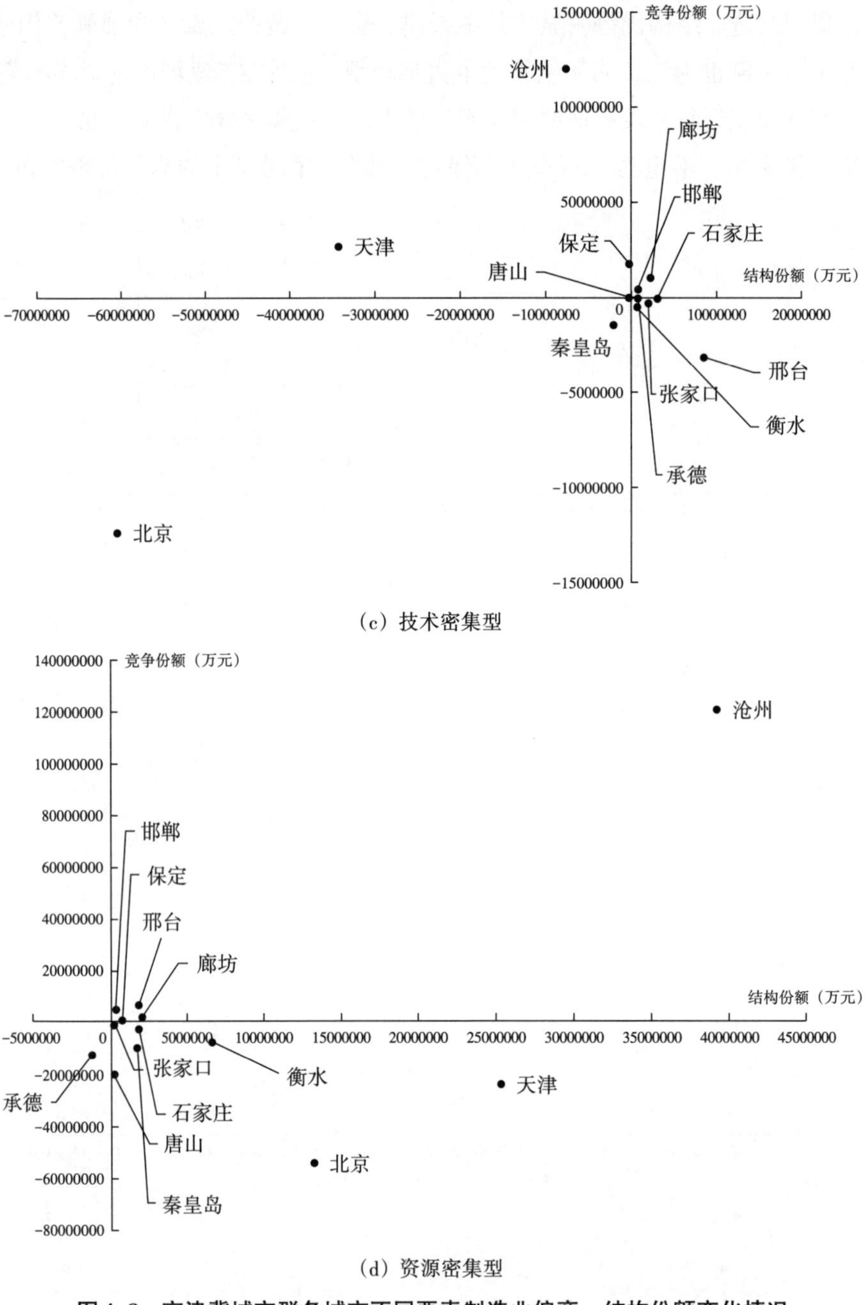

图4–8　京津冀城市群各城市不同要素制造业偏离—结构份额变化情况

属于结构推动型，其中仅有石家庄的总偏离为正，说明石家庄的资本密集型制造业的产业结构贡献率强于产业竞争力。

对于技术密集型制造业来说，廊坊、邯郸的结构份额与竞争力份额均为正，属于结构竞争力推动型，说明2市近年来在培育技术密集型制造业方面取得了显著的成果，技术密集型制造业已经开始成为城市经济发展的增长极；天津、沧州、保定、唐山4市的竞争力份额为正、结构份额为负，属于竞争力推动型，其中沧州、保定和唐山的总偏离为正，说明3市技术密集型制造业的产业竞争力贡献强于产业结构贡献；承德、张家口、石家庄、邢台、衡水5市的结构份额为正、竞争力份额为负，属于结构推动型，其中承德和石家庄的总偏离为正，说明2市技术密集型制造业的产业结构贡献强于产业竞争力贡献；仅有北京、秦皇岛2市的产业结构和竞争力均为负，说明2市近年的技术密集型制造业整体呈扩散的趋势，在城市群中缺乏竞争力，并未能形成促进经济发展的动力。

对于资源密集型制造业来说，沧州、保定、廊坊、唐山、邯郸5市的结构份额与竞争力份额均为正，属于结构竞争力推动型，说明资源密集型制造业在这些城市发展集聚程度较高；北京、天津、张家口、秦皇岛、石家庄、邢台、衡水7市的结构份额为正、竞争力份额为负，属于结构推动型，其中仅有天津的总偏离为正，说明天津资源密集型制造业的产业结构贡献强于产业竞争力贡献；京津冀城市群中仅有承德的产业结构和竞争力均为负，说明承德近年的资源密集型制造业整体呈扩散的趋势，这与承德资源产业的衰退有直接的关系。

4.3　京津冀城市群制造业空间作用强度演化

4.3.1　基于改进引力模型的制造业空间联系

4.3.1.1　研究方法

引力模型源于距离衰减原理和牛顿万有引力公式，最早源于赖利（Reilly）1929年提出的“零售引力定律”。从20世纪开始，社会经济学家将牛顿的万有引力定律应用到社会发展研究领域之中（鲍超等，2014；

Prestwich et al，1990；谷景祎等，2014；李博雅，2018）。引力模型在区域联系的定量研究中用于分析区域影响力，确定城市间联系的主要方向及程度，其值大小既能反映中心城市对周围地区的辐射能力，又能反映周围地区对中心城市辐射能力的接受程度。其一般形式为：

$$F_{ij} = k \times \frac{P_i P_j}{d_{ij}^b} \tag{4-7}$$

式中，F_{ij}为i和j两个城市的空间相互吸引力；P_i，P_j分别为i和j的城市质量，本书用制造业发展质量表达；d_{ij}为城市i，j之间的距离；b为距离衰减指数；k为引力系数。

值得注意的是，模型（4-7）的传统衡量方式提供了计算城市之间相互作用的思路，但是相较于城市复杂的实际联系影响因素而言，仍然存在以下两点需要进一步考虑的因素：一是城市制造业发展具有综合性、动态性、复杂性等特点，仅从传统的城市GDP、制造业总产值或是制造业从业人口等指标单一化衡量城市制造业发展质量，并不能展现城市制造业的实际发展水平；此外，简单的欧氏距离只能反映城市间传统的地理距离，并不能反映城市间的交通可达性程度，应注意城市间的交通方式、科技进步的改变所引起的城市间距离的动态变化。

（1）京津冀城市群制造业发展质量评价

① 京津冀城市群制造业发展质量体系构建。制造业发展质量是城市综合实力与竞争力的主要体现之一，其中尤其以高附加值、高技术投入、低环境污染的现代制造业成为城市制造业转型升级的主要方向。在京津冀城市群经济一体化不断加深的背景下，制造业在各个城市间的梯度转移推进程度不断加深，单一制造业指标无法全面反映城市制造业的发展质量。

借鉴王政（2018）、宋彤彤（2018）、陈才等人（2018）的研究成果，本书从制造业空间相互作用的角度出发，建立评价城市制造业综合发展质量的指标体系。制造业的发展在满足城市自身发展需求的同时，通过劳动力、技术、资本等资源的输出带动其他城市共同发展。城市的规模、等级及资源对外输出能力决定其带动能力的强弱，规模越大、等级越高，对外输出能力相对越强，制造业辐射能力越突出。因此本书构建了包含带动力、创新力以及流通力3个方面的制造业综合发展质量的一级评价指标体系。带动力的强弱是衡量一个地区制造业发展质量高低最直接的表现形式，通过地区生产总值、制造业从业人员占比、规模以上制造业产值占工业总比重、制造业主营业务收入、制造业固定资产合计来衡量城市制造业的发展带动能力。创新力对于城市集聚外部地区资源具有重要的吸引能力，是制造业高质量转型的重要标识，取决于企业对于研发的重视程度、新产品的市场占有率、城市的人力资本质量等，本书选择制造业R&D经费支出、新产品占制造业产值比例、城市人口总量、实际利用外资、每万人在校大学生数来衡量城市制造业的创新力。流通力是影响城市制造业空间相互作用的重要因素，而运输能力是实现制造业生产要素有效流通的前提。随着交通运输工具的发展，城市间的实际距离已不再是制约城市联系的主要因素，流通力更多地体现在流通过程中应对困难的能力，本书选取进出口总额、货运总量、货物周转总量、邮电业务总量、公路里程来衡量制造业的流通力。综上，从制造业的带动力、创新力和流通力3个方面共选取15个指标，构建基于空间联系的京津冀城市群制造业综合质量指标体系（见表4–3）。

表4–3　京津冀城市群制造业发展质量体系

一级	二级	单位	属性
带动力	地区生产总值（GDP）	万元	正向
	制造业从业人员占比	%	正向
	规模以上制造业产值占工业总比重	%	正向
	制造业主营业务收入	万元	正向
	制造业固定资产合计	万元	正向
创新力	制造业R&D经费支出	万元	正向
	新产品占制造业产值比例	%	正向
	城市人口总量	人	正向
	实际利用外资	万美元	正向
	每万人在校大学生数	人	正向

表4-3（续）

一级	二级	单位	属性
流通力	进出口总额	万美元	正向
	货运总量	万吨	正向
	货物周转总量	万吨千米	正向
	邮电业务总量	万元	正向
	公路里程	千米	正向

② 京津冀城市群制造业发展质量评价。为了能得到较为客观的权重，本书选择熵权法对京津冀城市群制造业的综合发展质量进行评价。每个指标的量纲和单位是不同的，无法直接比较、计算，所以在进行评价之前，需要先对数据进行无量纲化，然后再对指标进行赋权。

首先应用全部数据组成初始矩阵 $\boldsymbol{X}=\left(x_{ij}\right)_{mn}$，$i=1$，2，…，$n$；$j=1$，2，…，$m$，其中 m 表示指标个数，n 表示城市数量。x_{ij} 表示第 i 个城市第 j 个指标值。本书的指标分为正向指标和负向指标，两类指标的无量纲化处理公式分别为（朱江丽等，2015）：

$$x'_{ij}=\frac{x_{ij}-x_{j\min}}{x_{j\max}-x_{j\min}},\ x''_{ij}=\frac{x_{j\min}-x_{ij}}{x_{j\max}-x_{j\min}} \tag{4-8}$$

为消除负值进行平移处理，一些指标数值进行标准化处理后，可能会出现数值较小或负值的情况，为了计算的统一与方便，将标准化后的数值进行平移处理，从而消除上述情况。

$$x''_{ij}=H+x'_{ij} \tag{4-9}$$

其中，H 为指标平移的幅度，一般取1。

利用比重法对数据进行无量纲化

$$y_{ij}=\frac{x''_{ij}}{\sum_{i=1}^{n}x''_{ij}} \tag{4-10}$$

计算第 j 个指标的熵值：

$$e_j=-\frac{1}{\ln n}\sum_{i=1}^{n}y_{ij}\ln y_{ij} \tag{4-11}$$

第j个指标的差异系数为：

$$g_j = 1 - e_j \tag{4-12}$$

其中，$j = 1, 2, \cdots, m$。

第j个指标的权重为：

$$\omega_j = \frac{g_j}{\sum_{j=1}^{p} g_j} \tag{4-13}$$

其中，$j = 1, 2, \cdots, m$。

利用标准化的数据与权重相乘得到综合得分：

$$z_i = \sum_{j=1}^{m} \omega_j y_{ij} \tag{4-14}$$

（2）引力模型的改进

根据空间相互作用理论分析，空间相互作用与引力系数、城市质量和城市距离有关，产生空间相互作用的前提有三点：其一是城市间的交通可达性，反映的是区域间经济活动相互交流的倾向度；其二是区域间的互补性，主要体现在产业结构间的专业化分工上，空间相互作用大小与互补性大小成正比，若两城市间产业结构趋同，专业化特征不显著，其互补性就小，反之亦然；其三是干扰机会，其以城市间互补性为基础，具有互补性的区域间不一定发生相互关系，但互补性越强，则发生相互作用的可能性越大和程度越高。

通过分析表明，影响空间相互作用的因素有交通可达性、产业互补性、城市制造业质量和城市距离。因此，本研究通过可达性系数及产业专业化系数修正引力模型中的引力系数。可达性系数计算公式为（许芸鹭和雷国平，2018）：

$$a_i = \frac{A}{A_i} \tag{4-15}$$

$$A = \frac{1}{n} \sum_{i=1} A_i \tag{4-16}$$

$$A_i = \frac{D_i}{S_i} \tag{4-17}$$

上式中，a_i为可达性系数；A_i为城市可达性值；D_i为i与其他某一城市的交通距离，京津冀城市群的交通运输主要依靠公路，因此选取公路交通距离；S_i为i与其他某一城市的交通道路平均行程速度；A为i与n个城市间A_i的平均值。根据《中华人民共和国公路工程技术标准》并结合京津冀城市群道路实际情况，设定平均行程速度为80km/h。产业专业化系数计算公式为：

$$r_{ij} = \sum_{k=1}^{m}\left(\left|E_{ki} - E_{kj}\right|\right) \tag{4-18}$$

$$E_{ki} = \frac{Q_{ki}}{\sum_{k=1}^{m} Q_{ki}} \tag{4-19}$$

式中，r_{ij}为区域间产业专业化系数；m表示行业数量；E_{ki}表示i城市k行业的产值占地区全部行业总产值的比值；Q_{ki}表示i城市k行业的产值。

两城市间的距离（d_{ij}）选取客流量最大的铁路运营里程数，若无直达列车，则采用经过一次中转的最短铁路运营里程数。距离衰减指数b因受多种因素影响，较难确定，理论上认为其取值为1或2。有研究显示，b值在0.5～3的幅度内变化。参考刘继生和陈彦光（2000）的研究成果，本研究将距离衰减系数取为2。改进的引力模型如下：

$$F_{ij} = a_i \times r_{ij} \times \frac{P_i P_j}{d_{ij}^{b}} \tag{4-20}$$

4.3.1.2 数据来源与说明

利用京津冀城市群13个城市2000、2005、2010、2015和2017年相应的统计年鉴与统计公报，获取各城市研究年份的制造业总产值、制造业从业人员数量、制造业R&D经费支出等15个指标的原始数据。两城市间公路里程数来自高德地图，城市间的铁路运营里程数来自铁路里程查询网。

4.3.1.3　结果分析

（1）制造业发展质量

由熵权法得到2000、2005、2010、2015、2017年共5个时间节点上，京津冀城市群制造业的综合发展质量水平（见表4-4）。总体来看，各城市的制造业发展质量在研究区间内基本呈现上升趋势，各个城市的制造业发展水平逐渐提升。从不同城市的发展情况来看，北京、天津、石家庄作为京津冀城市群发展的3个主要经济增长极，制造业的发展也分列在城市群的前3位，传统的资源型城市唐山由于制造业产业基础较好，制造业发展质量也位于城市群前列。相比于制造业强市，承德、张家口与衡水在制造业的发展质量上相对较差。

表4-4　京津冀城市群制造业综合发展质量

城市	2000年	2005年	2010年	2015年	2017年
北京	0.31	0.39	0.59	0.61	0.67
天津	0.19	0.32	0.42	0.49	0.49
承德	0.05	0.08	0.16	0.06	0.06
张家口	0.08	0.06	0.06	0.06	0.08
秦皇岛	0.04	0.09	0.11	0.14	0.16
沧州	0.03	0.04	0.06	0.15	0.15
保定	0.09	0.09	0.13	0.15	0.18
石家庄	0.08	0.11	0.20	0.20	0.22
廊坊	0.03	0.05	0.10	0.12	0.09
唐山	0.08	0.10	0.14	0.20	0.21
邯郸	0.05	0.06	0.09	0.12	0.14
邢台	0.03	0.04	0.06	0.07	0.08
衡水	0.02	0.03	0.05	0.06	0.07

（2）各城市相互作用强度分析

① 可达性系数。根据式（4-15）至式（4-17）可以得到京津冀城市

群各城市的可达性系数a_{ij}（见表4-5）。

表4-5　京津冀城市群各城市可达性系数

a_{ij}	北京	天津	承德	张家口	秦皇岛	沧州	保定	石家庄	廊坊	唐山	邯郸	邢台	衡水
北京		1.74	1.05	1.21	0.82	1.21	1.50	0.82	4.18	1.35	0.53	0.59	0.85
天津	1.80		0.92	0.75	0.90	2.25	1.34	0.76	2.66	1.89	0.55	0.61	0.98
承德	1.74	1.46		1.06	1.79	1.03	1.01	0.74	1.42	2.06	0.57	0.61	0.74
张家口	1.38	0.83	0.73		0.54	1.92	1.73	2.11	1.09	0.74	1.33	1.71	0.61
秦皇岛	1.43	1.50	1.88	0.82		1.11	0.98	0.75	1.43	2.74	0.58	0.62	0.82
沧州	1.18	2.11	0.61	1.63	0.62		1.56	1.00	1.47	0.93	0.66	0.77	1.63
保定	1.44	1.24	0.59	1.46	0.54	1.54		1.62	1.52	0.79	0.77	0.91	1.46
石家庄	0.96	0.86	0.52	2.16	0.50	1.20	1.98		0.99	0.66	1.61	2.18	2.16
廊坊	4.11	2.52	0.84	0.94	0.81	1.48	1.55	0.83		1.41	0.53	0.59	0.94
唐山	1.70	2.30	1.57	0.82	1.99	1.20	1.04	0.71	1.81		0.52	0.65	0.78
邯郸	0.86	0.85	0.56	1.87	0.54	1.09	1.29	2.22	0.87	0.66		7.25	1.87
邢台	0.85	0.84	0.53	2.14	0.51	1.13	1.35	2.66	0.86	0.65	6.42		1.80
衡水	1.02	1.13	0.53	0.64	0.56	2.01	1.82	2.21	1.14	0.78	1.39	1.80	

②专业化系数。根据式（4-18）至式（4-19）可以得到京津冀城市群各城市的专业化系数r_{ij}（见表4-6至表4-10）。

表4-6　京津冀城市群制造业专业化系数（2000年）

r_{ij}	北京	天津	承德	张家口	秦皇岛	沧州	保定	石家庄	廊坊	唐山	邯郸	邢台	衡水
北京		0.62	1.47	1.38	1.34	1.05	1.10	1.07	1.21	1.31	1.38	1.16	1.36
天津	0.62		1.29	1.19	1.16	0.77	1.17	0.88	0.82	1.15	1.21	0.91	0.94
承德	1.47	1.29		0.85	1.20	1.50	1.52	1.26	1.12	0.91	0.83	0.99	1.30
张家口	1.38	1.19	0.85		1.03	1.21	1.24	1.03	1.00	0.85	0.91	0.93	0.97
秦皇岛	1.34	1.16	1.20	1.03		1.15	1.07	1.12	0.79	1.13	1.14	1.04	1.07
沧州	1.05	0.77	1.50	1.21	1.15		1.01	0.66	0.88	1.16	1.18	0.68	0.70
保定	1.10	1.17	1.52	1.24	1.07	1.01		1.16	1.19	1.36	1.34	1.14	1.02

表4-6（续）

r_{ij}	北京	天津	承德	张家口	秦皇岛	沧州	保定	石家庄	廊坊	唐山	邯郸	邢台	衡水
石家庄	1.07	0.88	1.26	1.03	1.12	0.66	1.16		0.91	1.05	1.11	0.73	1.05
廊坊	1.21	0.82	1.12	1.00	0.79	0.88	1.19	0.91		0.92	0.99	0.64	0.87
唐山	1.31	1.15	0.91	0.85	1.13	1.16	1.36	1.05	0.92		0.53	0.95	1.26
邯郸	1.38	1.21	0.83	0.91	1.14	1.18	1.34	1.11	0.99	0.53		0.83	1.20
邢台	1.16	0.91	0.99	0.93	1.04	0.68	1.14	0.73	0.64	0.95	0.83		0.97
衡水	1.36	0.94	1.30	0.97	1.07	0.70	1.02	1.05	0.87	1.26	1.20	0.97	

表4-7　京津冀城市群制造业专业化系数（2005年）

r_{ij}	北京	天津	承德	张家口	秦皇岛	沧州	保定	石家庄	廊坊	唐山	邯郸	邢台	衡水
北京		1.06	1.67	1.65	1.46	1.42	1.24	1.47	1.46	1.62	1.61	1.48	1.59
天津	1.06		1.25	1.19	0.94	0.82	1.01	0.86	0.82	1.30	1.28	0.78	0.94
承德	1.67	1.25		0.66	1.07	1.41	1.36	1.25	1.03	0.53	0.47	1.06	1.10
张家口	1.65	1.19	0.66		1.04	1.25	1.46	1.17	0.94	0.75	0.76	1.00	1.15
秦皇岛	1.46	0.94	1.07	1.04		1.08	1.19	1.02	0.52	1.21	1.20	0.73	0.86
沧州	1.42	0.82	1.41	1.25	1.08		1.17	0.77	0.91	1.36	1.35	0.79	0.91
保定	1.24	1.01	1.36	1.46	1.19	1.17		1.10	1.21	1.51	1.53	1.04	1.02
石家庄	1.47	0.86	1.25	1.17	1.02	0.77	1.10		0.77	1.23	1.27	0.63	0.77
廊坊	1.46	0.82	1.03	0.94	0.52	0.91	1.21	0.77		1.09	1.09	0.62	0.69
唐山	1.62	1.30	0.53	0.75	1.21	1.36	1.51	1.23	1.09		0.21	1.14	1.22
邯郸	1.61	1.28	0.47	0.76	1.20	1.35	1.53	1.27	1.09	0.21		1.06	1.22
邢台	1.48	0.78	1.06	1.00	0.73	0.79	1.04	0.63	0.62	1.14	1.06		0.73
衡水	1.59	0.94	1.10	1.15	0.86	0.91	1.02	0.77	0.69	1.22	1.22	0.73	

表4-8　京津冀城市群制造业专业化系数（2010年）

r_{ij}	北京	天津	承德	张家口	秦皇岛	沧州	保定	石家庄	廊坊	唐山	邯郸	邢台	衡水
北京		1.29	1.73	1.72	1.52	1.58	1.26	1.62	1.46	1.64	1.73	1.66	1.67
天津	1.29		1.22	1.00	0.96	0.79	1.04	0.82	0.51	0.98	1.11	0.74	0.86

表4-8（续）

r_{ij}	北京	天津	承德	张家口	秦皇岛	沧州	保定	石家庄	廊坊	唐山	邯郸	邢台	衡水
承德	1.73	1.22		0.73	0.98	1.46	1.60	1.39	1.13	0.44	0.31	1.14	1.28
张家口	1.72	1.00	0.73		0.75	1.18	1.31	1.00	0.79	0.72	0.70	0.71	1.02
秦皇岛	1.52	0.96	0.98	0.75		1.27	1.49	1.16	0.72	0.79	0.91	0.99	1.17
沧州	1.58	0.79	1.46	1.18	1.27		1.22	0.83	0.92	1.19	1.29	0.85	0.79
保定	1.26	1.04	1.60	1.31	1.49	1.22		1.03	1.25	1.50	1.46	1.05	1.19
石家庄	1.62	0.82	1.39	1.00	1.16	0.83	1.03		0.74	1.14	1.14	0.71	0.74
廊坊	1.46	0.51	1.13	0.79	0.72	0.92	1.25	0.74		0.89	0.99	0.73	0.73
唐山	1.64	0.98	0.44	0.72	0.79	1.19	1.50	1.14	0.89		0.30	0.97	1.19
邯郸	1.73	1.11	0.31	0.70	0.91	1.29	1.46	1.14	0.99	0.30		0.92	1.17
邢台	1.66	0.74	1.14	0.71	0.99	0.85	1.05	0.71	0.73	0.97	0.92		0.93
衡水	1.67	0.86	1.28	1.02	1.17	0.79	1.19	0.74	0.73	1.19	1.17	0.93	

表4-9 京津冀城市群制造业专业化系数（2015年）

r_{ij}	北京	天津	承德	张家口	秦皇岛	沧州	保定	石家庄	廊坊	唐山	邯郸	邢台	衡水
北京		0.77	1.49	1.33	1.12	1.07	0.74	1.09	1.15	1.43	1.32	1.11	1.25
天津	0.77		1.11	0.84	0.88	0.92	1.06	0.92	0.64	1.01	0.90	0.77	1.00
承德	1.49	1.11		0.72	0.95	1.51	1.51	1.30	1.02	0.48	0.41	1.22	1.32
张家口	1.33	0.84	0.72		0.80	1.14	1.39	1.10	0.80	0.83	0.65	0.96	1.19
秦皇岛	1.12	0.88	0.95	0.80		1.44	1.25	1.35	0.80	0.96	0.92	1.30	1.44
沧州	1.07	0.92	1.51	1.14	1.44		1.12	0.97	1.01	1.21	1.25	0.82	0.68
保定	0.74	1.06	1.51	1.39	1.25	1.12		0.97	1.13	1.55	1.30	0.90	1.08
石家庄	1.09	0.92	1.30	1.10	1.35	0.97	0.97		0.85	1.24	0.94	0.63	0.75
廊坊	1.15	0.64	1.02	0.80	0.80	1.01	1.13	0.85		0.92	0.79	0.91	0.88
唐山	1.43	1.01	0.48	0.83	0.96	1.21	1.55	1.24	0.92		0.45	1.24	1.28
邯郸	1.32	0.90	0.41	0.65	0.92	1.25	1.30	0.94	0.79	0.45		0.91	1.15
邢台	1.11	0.77	1.22	0.96	1.30	0.82	0.90	0.63	0.91	1.24	0.91		0.87
衡水	1.25	1.00	1.32	1.19	1.44	0.68	1.08	0.75	0.88	1.28	1.15	0.87	

表4-10　京津冀城市群制造业专业化系数（2017年）

r_{ij}	北京	天津	承德	张家口	秦皇岛	沧州	保定	石家庄	廊坊	唐山	邯郸	邢台	衡水
北京		0.87	1.47	1.28	1.14	1.12	0.69	1.10	1.03	1.51	1.30	1.16	1.26
天津	0.87		1.12	1.07	0.92	0.82	1.08	0.88	0.52	1.09	0.85	0.73	1.02
承德	1.47	1.12		1.35	0.97	1.49	1.49	1.27	0.94	0.46	0.57	1.18	1.29
张家口	1.28	1.07	1.35		1.29	1.13	1.34	1.01	1.06	1.55	1.26	1.01	1.01
秦皇岛	1.14	0.92	0.97	1.29		1.44	1.25	1.37	0.69	1.04	0.91	1.22	1.39
沧州	1.12	0.82	1.49	1.13	1.44		1.17	0.96	1.05	1.34	1.12	0.88	0.70
保定	0.69	1.08	1.49	1.34	1.25	1.17		1.03	1.10	1.62	1.30	1.04	1.20
石家庄	1.10	0.88	1.27	1.01	1.37	0.96	1.03		0.88	1.35	0.86	0.66	0.75
廊坊	1.03	0.52	0.94	1.06	0.69	1.05	1.10	0.88		1.05	0.67	0.84	0.94
唐山	1.51	1.09	0.46	1.55	1.04	1.34	1.62	1.35	1.05		0.59	1.30	1.47
邯郸	1.30	0.85	0.57	1.26	0.91	1.12	1.30	0.86	0.67	0.59		0.81	1.07
邢台	1.16	0.73	1.18	1.01	1.22	0.88	1.04	0.66	0.84	1.30	0.81		0.93
衡水	1.26	1.02	1.29	1.01	1.39	0.70	1.20	0.75	0.94	1.47	1.07	0.93	

③各城市相互作用强度。利用改正的引力模型（式（4-20））可以得到京津冀城市群各城市之间制造业相互作用强度，见表4-11至表4-15。

表4-11　京津冀城市群空间相互作用强度（2000年）

	北京	天津	承德	张家口	秦皇岛	沧州	保定	石家庄	廊坊	唐山	邯郸	邢台	衡水
北京		204.40	38.79	30.95	10.76	18.59	120.11	14.56	540.42	27.77	3.16	2.21	4.91
天津	123.24		8.47	12.24	9.57	57.20	38.20	6.10	368.14	223.86	2.74	1.53	3.99
承德	64.04	13.49		2.13	2.40	0.82	4.59	1.26	2.67	4.85	0.24	0.22	0.32
张家口	35.32	13.47	1.47		8.75	46.52	89.49	71.61	57.75	20.44	12.95	20.53	22.45
秦皇岛	18.67	16.02	2.52	1.04		0.80	1.89	0.72	1.27	44.45	0.20	0.15	0.18
沧州	18.09	53.69	0.48	2.20	0.45		13.43	1.78	3.43	3.88	0.44	0.24	1.67
保定	115.28	35.36	2.67	14.44	1.05	13.24		74.68	13.55	9.07	5.27	4.93	3.65
石家庄	17.05	6.89	0.89	11.30	0.49	2.14	91.13		0.97	2.22	24.67	30.64	16.20

表4-11（续）

	北京	天津	承德	张家口	秦皇岛	沧州	保定	石家庄	廊坊	唐山	邯郸	邢台	衡水
廊坊	531.35	349.08	1.59	3.50	0.72	3.47	13.88	0.81		10.60	0.49	0.19	0.35
唐山	35.04	272.40	3.71	3.71	32.33	5.03	11.92	2.40	13.61		0.12	0.87	1.32
邯郸	5.10	4.26	0.23	1.73	0.19	0.72	8.84	33.93	0.80	0.38		312.70	1.87
邢台	3.16	2.10	0.19	1.55	0.12	0.35	7.33	37.31	0.28	0.49	276.87		1.35
衡水	5.88	4.62	0.23	0.78	0.12	2.05	4.55	16.58	0.42	0.85	1.39	1.35	

表4-12 京津冀城市群空间相互作用强度（2005年）

	北京	天津	承德	张家口	秦皇岛	沧州	保定	石家庄	廊坊	唐山	邯郸	邢台	衡水
北京		250.13	77.18	27.51	33.21	30.52	147.98	27.60	975.99	41.78	5.16	3.68	1-
天津	446.05		21.58	14.35	31.57	132.85	53.67	14.84	873.23	504.54	6.23	2.89	10.65
承德	144.16	34.35		1.83	8.25	1.58	6.32	2.96	5.49	5.32	0.27	0.50	0.69
张家口	37.60	15.79	1.26		1.19	2.43	13.80	13.09	3.83	2.48	0.93	1.23	1.00
秦皇岛	62.58	52.83	8.67	1.81		2.40	5.04	2.39	2.92	138.97	0.66	0.33	0.57
沧州	39.93	124.68	0.93	2.07	1.35		19.66	4.01	6.54	7.04	0.84	0.47	4.53
保定	159.10	49.67	3.67	11.61	2.79	19.39		103.44	19.24	11.71	7.58	5.76	5.75
石家庄	44.47	16.76	2.10	13.44	1.61	4.82	126.23		1.76	4.64	54.77	51.64	28.78
廊坊	1156.97	828.01	3.27	3.30	1.65	6.61	19.71	1.47		21.37	0.98	0.35	0.63
唐山	65.51	613.94	4.07	2.74	101.07	9.13	15.40	5.00	27.42		0.19	0.94	1.57
邯郸	9.70	9.67	0.27	1.31	0.62	1.39	12.72	75.33	1.61	0.24		673.57	3.98
邢台	6.68	3.97	0.43	1.54	0.27	0.69	8.56	62.89	0.51	0.94	596.39		2.14
衡水	13.98	12.31	0.50	1.05	0.39	5.58	7.18	29.44	0.77	1.57	2.96	2.14	

表4-13 京津冀城市群空间相互作用强度（2010年）

	北京	天津	承德	张家口	秦皇岛	沧州	保定	石家庄	廊坊	唐山	邯郸	邢台	衡水
北京		1034.90	256.30	59.93	64.99	109.69	358.85	111.39	3520.71	117.25	14.84	11.25	37.71
天津	1073.10		52.44	18.42	49.03	270.10	103.63	33.42	1448.53	752.58	11.00	5.19	26.73
承德	423.15	83.49		4.46	16.51	4.95	20.01	11.12	22.84	12.52	0.53	1.44	3.11

表4-13（续）

	北京	天津	承德	张家口	秦皇岛	沧州	保定	石家庄	廊坊	唐山	邯郸	邢台	衡水
张家口	72.43	27.68	2.96		1.16	4.26	20.50	23.31	7.56	4.11	1.54	1.45	2.11
秦皇岛	106.13	63.58	11.07	2.23		5.22	10.33	5.61	9.25	155.65	0.89	0.75	1.83
沧州	106.75	253.49	2.92	3.64	2.93		46.40	12.39	21.19	14.65	1.98	1.15	12.95
保定	344.40	95.91	11.63	17.25	5.72	45.76		246.15	56.28	24.67	15.82	11.85	19.53
石家庄	130.45	37.75	7.89	23.93	3.79	14.91	300.37		5.98	11.46	134.91	149.90	100.56
廊坊	3461.64	1373.53	13.60	6.52	5.24	21.41	57.66	5.02		52.50	2.76	1.18	2.75
唐山	147.94	915.77	9.57	4.55	113.20	18.99	32.43	12.34	67.38		0.61	1.69	4.71
邯郸	23.90	17.08	0.51	2.17	0.83	3.28	26.54	185.55	4.52	0.78		1289.28	12.05
邢台	16.04	7.14	1.25	1.82	0.61	1.69	17.61	182.54	1.71	1.69	1141.55		8.06
衡水	45.17	30.88	2.25	2.22	1.27	15.94	24.38	102.87	3.35	4.71	8.97	8.06	

表4-14　京津冀城市群空间相互作用强度（2015年）

	北京	天津	承德	张家口	秦皇岛	沧州	保定	石家庄	廊坊	唐山	邯郸	邢台	衡水
北京		744.63	94.43	47.92	65.06	202.66	246.22	78.35	3601.17	144.49	15.39	9.93	31.11
天津	772.12		22.68	17.70	67.92	950.86	136.19	43.49	2611.29	1207.14	13.38	7.80	37.74
承德	155.91	36.11		1.77	8.58	5.48	8.61	4.24	10.52	7.55	0.37	0.80	1.38
张家口	54.67	19.47	1.22		1.58	10.67	23.97	25.42	9.42	6.41	1.85	2.46	2.57
秦皇岛	112.88	113.63	9.01	2.40		20.07	12.59	8.55	16.69	335.32	1.54	1.63	3.11
沧州	197.22	892.39	3.23	9.10	11.26		123.82	37.68	75.67	53.06	6.52	3.67	30.84
保定	236.31	126.05	5.01	20.16	6.96	122.11		257.86	70.55	38.52	20.35	14.26	20.92
石家庄	91.76	49.12	3.01	26.10	5.77	45.35	314.66		9.95	20.14	125.54	137.83	108.19
廊坊	3393.09	2143.95	15.28	8.21	7.25	29.22	64.89	7.20		91.12	3.58	2.32	4.37
唐山	182.31	1468.89	5.77	7.09	243.87	68.79	50.64	18.27	116.93		1.59	3.72	7.29
邯郸	24.79	20.78	0.36	2.61	1.43	10.79	34.16	200.01	5.87	2.03		2118.41	16.29
邢台	14.17	10.73	0.69	3.07	1.34	5.38	21.18	203.83	3.36	3.72	1875.68		10.09
衡水	37.26	43.60	1.00	2.70	2.15	37.96	26.11	110.67	5.32	7.29	12.12	10.09	

表4-15　京津冀城市群空间相互作用强度（2017年）

	北京	天津	承德	张家口	秦皇岛	沧州	保定	石家庄	廊坊	唐山	邯郸	邢台	衡水
北京		920.28	95.75	64.70	79.46	230.24	302.41	92.83	2651.51	181.30	19.42	12.94	41.77
天津	539.43		21.43	29.21	78.65	847.35	167.03	44.65	1609.20	1429.14	14.82	8.55	46.75
承德	158.08	34.13		4.02	8.99	5.08	9.60	4.19	6.85	7.33	0.56	0.83	1.55
张家口	73.82	32.14	2.78		3.64	13.58	35.73	32.34	12.10	16.65	5.38	3.77	3.39
秦皇岛	137.85	131.59	9.44	5.53		22.06	16.63	10.24	12.00	436.07	1.97	1.92	4.04
沧州	224.06	795.24	2.99	11.58	12.37		155.33	40.32	59.24	63.65	6.86	4.48	38.52
保定	290.24	154.60	5.58	30.05	9.20	153.18		353.16	62.53	52.72	28.81	22.68	33.93
石家庄	108.72	50.42	2.98	33.20	6.91	48.52	430.96		7.21	21.69	168.40	216.87	140.69
廊坊	2607.02	1525.88	4.08	10.43	6.80	59.85	64.06	6.05		85.84	2.68	1.85	4.30
唐山	228.75	1739.02	5.60	18.41	317.14	82.52	69.31	23.36	110.15		2.68	4.85	11.07
邯郸	31.28	23.03	0.55	7.59	1.83	11.36	48.36	231.61	4.39	3.43		2523.61	21.65
邢台	18.45	11.77	0.72	4.71	1.58	6.56	33.71	264.10	2.68	4.85	2234.45		14.91
衡水	50.04	54.01	1.13	3.56	2.79	47.41	42.36	143.92	5.23	11.07	16.11	14.91	

同时利用SPSS20对各个城市之间的相互强度进行聚类分析，结果如表4-16和图4-9所示，整体来看，各城市的制造业发展之间均有一定的联系，但是联系强度并不高且分布差异较大，在2017年联系度有明显加强的趋势。具体来看，地域相邻仍然是城市间相互作用强弱的主要影响因素，北京与廊坊、天津与廊坊在2000—2017年的相互作用强度始终较为紧密，在13个城市的相互关系中处于高等级的联系度；此外，天津与沧州之间、天津与唐山之间、秦皇岛与唐山之间、邯郸与邢台之间都表现出了较强的相关联系。从各个城市来看，北京、天津作为京津冀城市群的2个主要增长极，其对周边城市甚至是跨区域城市的联系作用要远强于其他城市的相互作用。值得注意的是，石家庄作为河北省的省会与京津冀城市群的第三大中心城市，但是因为优势行业相对集中于劳动密集型，同时由于产业的竞争力相对较弱等因素的叠加，石家庄制造业并不能形成梯度转移的规模效应，因此与其他城市的联系度相对较弱。

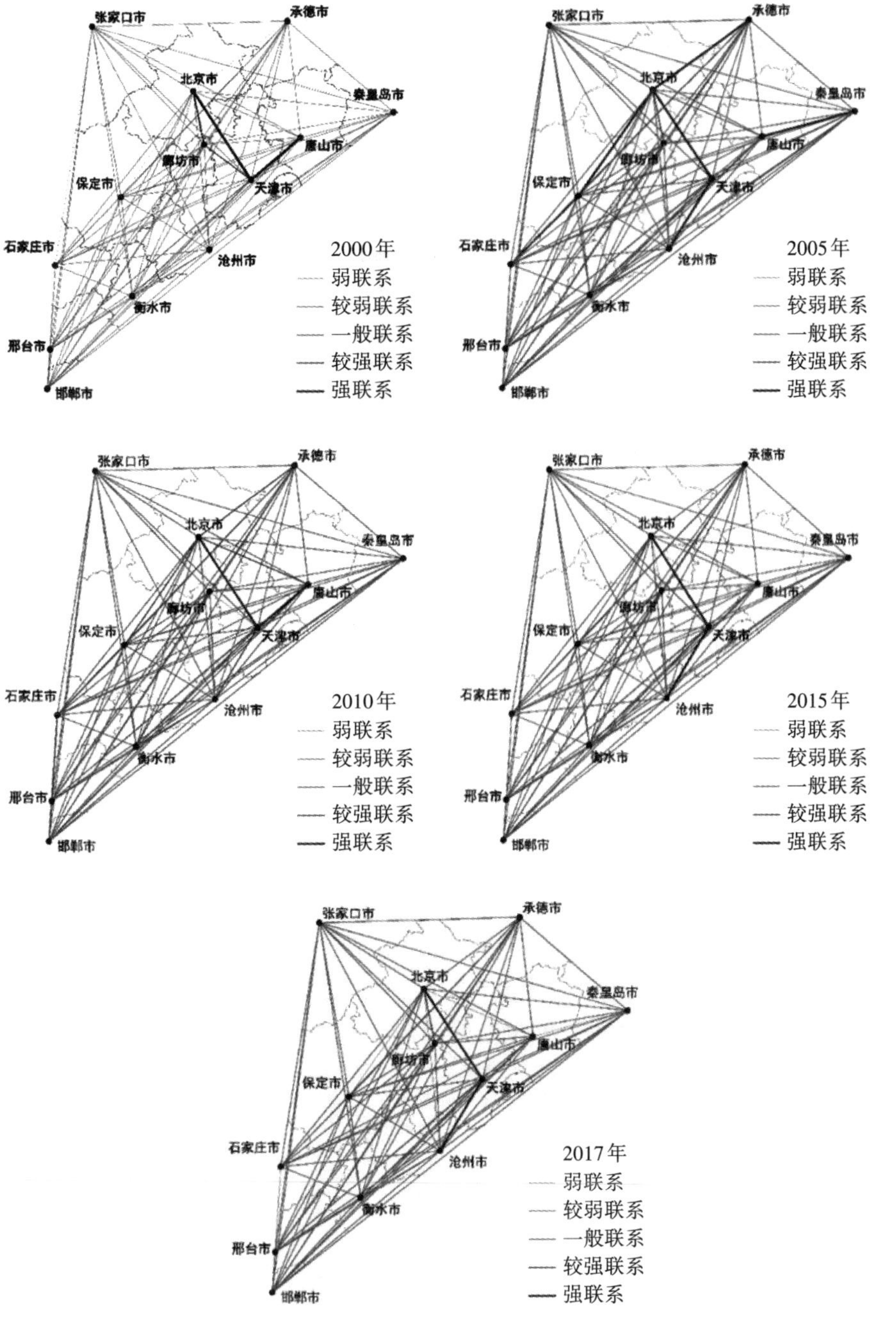

图4-9　京津冀城市群各城市制造业空间联系度

表4-16 京津冀城市群空间相互作用强度分级

联系等级	2000年		2005年		2010年		2015年		2017年	
	数量	城市	数量	城市	数量	城市	数量	城市	数量	城市
强联系	2	北京-廊坊、廊坊-北京	1	廊坊-北京	2	北京-廊坊、廊坊-北京	2	北京-廊坊、廊坊-北京	4	北京-廊坊、廊坊-北京、邯郸-邢台、邢台-邯郸
较强联系	3	天津-廊坊、廊坊-天津、邯郸-邢台	3	北京-廊坊、天津-廊坊、廊坊-天津	3	天津-廊坊、廊坊-天津、邯郸-邢台	1	天津-廊坊	4	天津-廊坊、廊坊-天津、天津-唐山、唐山-天津
一般联系	4	北京-天津、天津-唐山、唐山-天津、邢台-邯郸	5	天津-北京、天津-唐山、唐山-天津、邯郸-邢台、邢台-邯郸	5	北京-天津、天津-北京、天津-唐山、唐山-天津、邢台-邯郸	4	廊坊-天津、唐山-天津、邯郸-邢台、邢台-邯郸	3	北京-天津、天津-沧州、沧州-天津
较弱联系	13	北京-保定、天津-北京、天津-沧州、承德-北京、张家口-沧州、张家口-保定、张家口-石家庄、张家口-廊坊、秦皇岛-唐山、沧州-天津、保定-北京、保定-石家庄、石家庄-保定	10	北京-保定、北京-天津、天津-沧州、承德-北京、秦皇岛-唐山、沧州-天津、保定-北京、保定-石家庄、石家庄-保定、唐山-秦皇岛	13	北京-保定、北京-承德、天津-沧州、承德-北京、秦皇岛-唐山、沧州-天津、保定-北京、保定-石家庄、石家庄-保定、石家庄-邢台、唐山-北京、邯郸-石家庄、邢台-石家庄	5	北京-天津、天津-北京、天津-沧州、天津-唐山、沧州-天津	14	北京-沧州、北京-保定、北京-唐山、天津-北京、秦皇岛-唐山、沧州-北京、保定-北京、保定-石家庄、石家庄-保定、石家庄-邢台、唐山-北京、唐山-秦皇岛、邯郸-石家庄、邢台-石家庄
弱联系	134	其他	137	其他	136	其他	144	其他	131	其他

4.3.2　各城市间的断裂点与空间格局的改变

4.3.2.1　研究方法

断裂点模型用来确定城市在空间范围上影响力的大小以及城市经济区域应当如何划分。若相邻两个城市在空间上某点相互引力达到平衡，定义该点为这两个城市之间的断裂点（许学强等，1997；胡纯广等，2019）。断裂点距离测算公式如下：

$$ZD_{ij} = \frac{D_{ij}}{1 + \sqrt{P_j/P_i}} \tag{4-21}$$

$$D_{ij} = \sqrt[3]{H_{ij} \times R_{ij} \times L_{ij}} \tag{4-22}$$

式中，ZD_{ij}为i城市到j城市断裂点；D_{ij}为i城市到j城市的距离；P_i为i城市的制造业发展质量；P_j为j城市的制造业发展质量；H_{ij}为i城市到j城市的公路里程（km）；R_{ij}为i城市到j城市的铁路里程（km）；L_{ij}为i城市到j城市的空间经纬距离（km）。

为了便于比较，本书还通过计算断裂点距离除以两个城市间的总距离表征断裂点的相对值，若断裂点相对距离大于0.5，则表示该城市能够辐射另一个城市，越接近1则辐射能力越强。

4.3.2.2　数据来源与说明

京津冀城市群制造业发展质量利用前文研究结果，两城市间公路里程数来自高德地图，城市间的铁路运营里程数来自铁路里程查询网。

4.3.2.3　结果分析

京津冀城市群13个城市制造业相互之间的断裂点值变化情况如表4-17至表4-21和图4-10至图4-14所示。通常情况下，当一个城市断裂点的位置越靠近另一个城市，说明该城市对另一个城市具有较强的辐射能力，断裂点值越大，也反映出该城市对另一个城市的引力越强。

表4-17 京津冀城市群断裂点距离（2000年）

	北京	天津	承德	张家口	秦皇岛	沧州	保定	石家庄	廊坊	唐山	邯郸	邢台	衡水	各市平均值
北京		0.56	0.71	0.67	0.74	0.77	0.64	0.67	0.75	0.66	0.72	0.76	0.81	0.71
天津	0.44		0.66	0.61	0.69	0.73	0.59	0.61	0.70	0.61	0.67	0.72	0.77	0.65
承德	0.29	0.34		0.30	0.63	0.30	0.19	0.28	0.14	0.44	0.37	0.40	0.39	0.34
张家口	0.33	0.39	0.55		0.59	0.63	0.48	0.50	0.60	0.50	0.56	0.62	0.69	0.54
秦皇岛	0.26	0.31	0.46	0.41		0.54	0.39	0.42	0.51	0.41	0.48	0.53	0.61	0.44
沧州	0.23	0.27	0.42	0.37	0.46		0.35	0.37	0.47	0.37	0.43	0.49	0.56	0.40
保定	0.36	0.41	0.57	0.52	0.61	0.65		0.53	0.62	0.52	0.59	0.64	0.71	0.56
石家庄	0.33	0.39	0.55	0.50	0.58	0.63	0.47		0.60	0.49	0.56	0.61	0.68	0.53
廊坊	0.25	0.30	0.45	0.40	0.49	0.53	0.38	0.40		0.40	0.46	0.52	0.59	0.43
唐山	0.34	0.39	0.55	0.50	0.59	0.63	0.48	0.51	0.60		0.57	0.62	0.69	0.54
邯郸	0.28	0.33	0.49	0.44	0.52	0.57	0.41	0.44	0.54	0.43		0.56	0.63	0.47
邢台	0.24	0.28	0.43	0.38	0.47	0.51	0.36	0.39	0.48	0.38	0.44		0.58	0.41
衡水	0.19	0.23	0.36	0.31	0.39	0.44	0.29	0.32	0.41	0.31	0.37	0.42		0.34

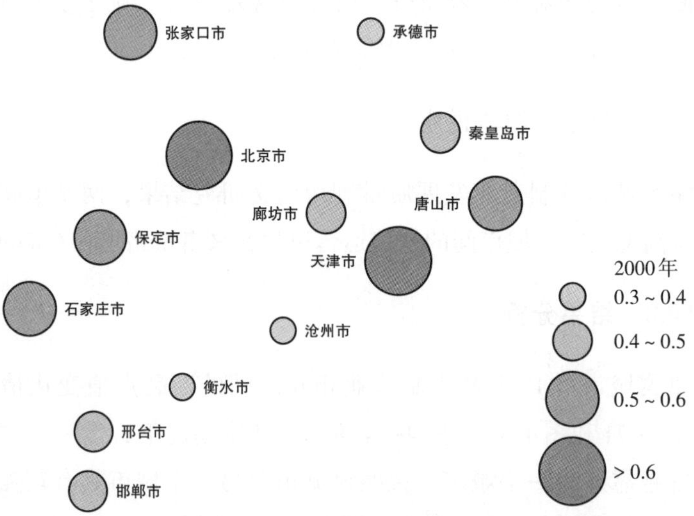

图4-10 京津冀城市群各城市制造业断裂点距离（2000年）

表4-18　京津冀城市群断裂点距离（2005年）

	北京	天津	承德	张家口	秦皇岛	沧州	保定	石家庄	廊坊	唐山	邯郸	邢台	衡水	各市平均值
北京		0.53	0.69	0.73	0.67	0.77	0.67	0.65	0.74	0.67	0.72	0.76	0.79	0.70
天津	0.47		0.66	0.71	0.65	0.75	0.65	0.63	0.72	0.65	0.70	0.74	0.78	0.67
承德	0.31	0.34		0.55	0.48	0.60	0.49	0.46	0.56	0.48	0.54	0.59	0.64	0.50
张家口	0.27	0.29	0.45		0.43	0.55	0.44	0.41	0.51	0.43	0.49	0.54	0.59	0.45
秦皇岛	0.33	0.35	0.52	0.57		0.62	0.50	0.48	0.58	0.50	0.56	0.61	0.66	0.52
沧州	0.23	0.25	0.40	0.45	0.38		0.38	0.36	0.46	0.38	0.43	0.49	0.54	0.39
保定	0.33	0.35	0.51	0.56	0.50	0.62		0.47	0.58	0.49	0.55	0.61	0.65	0.52
石家庄	0.35	0.37	0.54	0.59	0.52	0.64	0.53		0.60	0.52	0.58	0.63	0.68	0.55
廊坊	0.26	0.28	0.44	0.49	0.42	0.54	0.42	0.40		0.42	0.48	0.53	0.58	0.44
唐山	0.33	0.35	0.52	0.57	0.50	0.62	0.51	0.48	0.58		0.56	0.61	0.66	0.52
邯郸	0.28	0.30	0.46	0.51	0.44	0.57	0.45	0.42	0.52	0.44		0.55	0.60	0.46
邢台	0.24	0.26	0.41	0.46	0.39	0.51	0.39	0.37	0.47	0.39	0.45		0.55	0.41
衡水	0.21	0.22	0.36	0.41	0.34	0.46	0.35	0.32	0.42	0.34	0.40	0.45		0.36

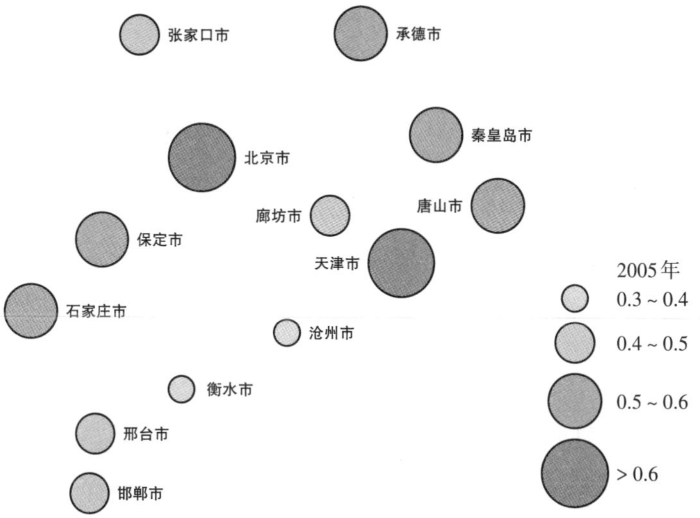

图4-11　京津冀城市群各城市制造业断裂点距离（2005年）

表4-19　京津冀城市群断裂点距离（2010年）

	北京	天津	承德	张家口	秦皇岛	沧州	保定	石家庄	廊坊	唐山	邯郸	邢台	衡水	各市平均值
北京		0.54	0.66	0.75	0.70	0.76	0.68	0.63	0.71	0.67	0.72	0.76	0.77	0.70
天津	0.46		0.62	0.72	0.66	0.73	0.64	0.59	0.67	0.63	0.68	0.73	0.74	0.66
承德	0.34	0.38		0.61	0.54	0.62	0.52	0.47	0.56	0.51	0.56	0.63	0.63	0.53
张家口	0.25	0.28	0.39		0.43	0.52	0.41	0.36	0.45	0.40	0.45	0.52	0.52	0.41
秦皇岛	0.30	0.34	0.46	0.57		0.58	0.48	0.42	0.51	0.47	0.52	0.58	0.59	0.48
沧州	0.24	0.27	0.38	0.48	0.42		0.40	0.35	0.43	0.39	0.44	0.50	0.51	0.40
保定	0.32	0.36	0.48	0.59	0.52	0.60		0.45	0.53	0.49	0.54	0.60	0.61	0.51
石家庄	0.37	0.41	0.53	0.64	0.58	0.65	0.55		0.59	0.54	0.60	0.66	0.66	0.57
廊坊	0.29	0.33	0.44	0.55	0.49	0.57	0.47	0.41		0.45	0.51	0.57	0.58	0.47
唐山	0.33	0.37	0.49	0.60	0.53	0.61	0.51	0.46	0.55		0.55	0.62	0.62	0.52
邯郸	0.28	0.32	0.44	0.55	0.48	0.56	0.46	0.40	0.49	0.45		0.56	0.57	0.46
邢台	0.24	0.27	0.37	0.48	0.42	0.50	0.40	0.34	0.43	0.38	0.44		0.51	0.40
衡水	0.23	0.26	0.37	0.48	0.41	0.49	0.39	0.34	0.42	0.38	0.43	0.49		0.39

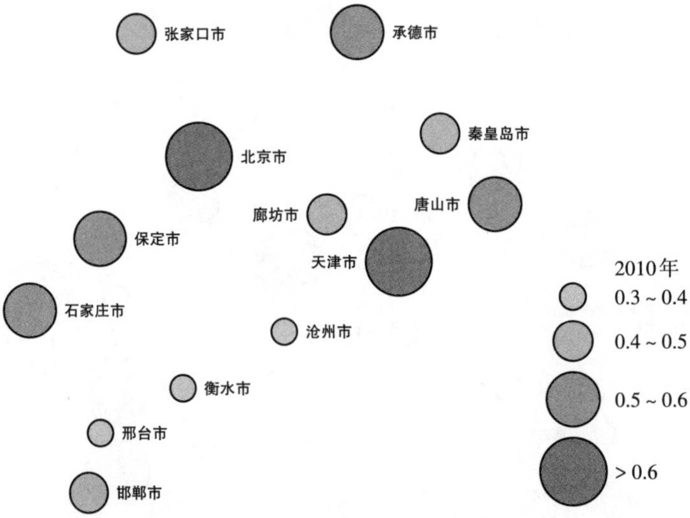

图4-12　京津冀城市群各城市制造业断裂点距离（2010年）

表4-20 京津冀城市群断裂点距离（2015年）

	北京	天津	承德	张家口	秦皇岛	沧州	保定	石家庄	廊坊	唐山	邯郸	邢台	衡水	各市平均值
北京		0.53	0.76	0.76	0.67	0.67	0.67	0.63	0.69	0.64	0.69	0.75	0.77	0.69
天津	0.47		0.73	0.74	0.65	0.64	0.65	0.61	0.67	0.61	0.67	0.72	0.75	0.66
承德	0.24	0.27		0.50	0.40	0.40	0.40	0.36	0.42	0.36	0.42	0.49	0.51	0.40
张家口	0.24	0.26	0.50		0.40	0.40	0.40	0.36	0.42	0.36	0.42	0.49	0.51	0.40
秦皇岛	0.33	0.35	0.60	0.60		0.49	0.50	0.46	0.52	0.46	0.52	0.59	0.61	0.50
沧州	0.33	0.36	0.60	0.60	0.51		0.50	0.46	0.52	0.47	0.53	0.59	0.62	0.51
保定	0.33	0.35	0.60	0.60	0.50	0.50		0.46	0.52	0.46	0.52	0.59	0.62	0.51
石家庄	0.37	0.39	0.64	0.64	0.54	0.54	0.54		0.56	0.50	0.56	0.63	0.65	0.55
廊坊	0.31	0.33	0.58	0.58	0.48	0.48	0.48	0.44		0.44	0.50	0.57	0.60	0.48
唐山	0.36	0.39	0.64	0.64	0.54	0.53	0.54	0.50	0.56		0.56	0.62	0.65	0.54
邯郸	0.31	0.33	0.58	0.58	0.48	0.47	0.48	0.44	0.50	0.44		0.57	0.59	0.48
邢台	0.25	0.28	0.51	0.51	0.41	0.41	0.41	0.37	0.43	0.38	0.43		0.53	0.41
衡水	0.23	0.25	0.49	0.49	0.39	0.38	0.38	0.35	0.40	0.35	0.41	0.47		0.38

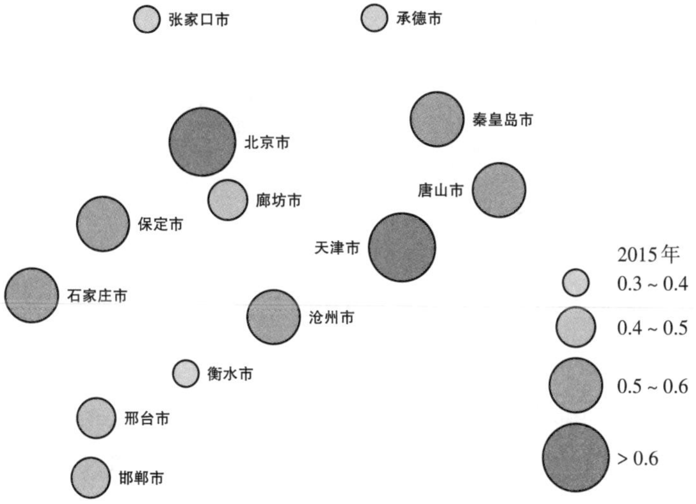

图4-13 京津冀城市群各城市制造业断裂点距离（2015年）

表4-21　京津冀城市群断裂点距离（2017年）

	北京	天津	承德	张家口	秦皇岛	沧州	保定	石家庄	廊坊	唐山	邯郸	邢台	衡水	各市平均值
北京		0.54	0.77	0.74	0.67	0.68	0.66	0.64	0.73	0.64	0.68	0.74	0.76	0.69
天津	0.46		0.74	0.71	0.64	0.65	0.63	0.60	0.70	0.60	0.65	0.71	0.73	0.65
承德	0.23	0.26		0.46	0.38	0.39	0.37	0.34	0.45	0.35	0.39	0.46	0.48	0.38
张家口	0.26	0.29	0.54		0.42	0.43	0.40	0.38	0.48	0.38	0.43	0.50	0.52	0.42
秦皇岛	0.33	0.36	0.62	0.58		0.51	0.49	0.46	0.56	0.46	0.51	0.58	0.60	0.51
沧州	0.32	0.35	0.61	0.57	0.49		0.48	0.45	0.56	0.45	0.50	0.57	0.59	0.50
保定	0.34	0.37	0.63	0.60	0.51	0.52		0.47	0.58	0.48	0.53	0.60	0.61	0.52
石家庄	0.36	0.40	0.66	0.62	0.54	0.55	0.53		0.61	0.50	0.55	0.62	0.64	0.55
廊坊	0.27	0.30	0.55	0.52	0.44	0.44	0.42	0.39		0.40	0.45	0.52	0.54	0.44
唐山	0.36	0.40	0.65	0.62	0.54	0.55	0.52	0.50	0.60		0.55	0.62	0.64	0.55
邯郸	0.32	0.35	0.61	0.57	0.49	0.50	0.47	0.45	0.55	0.45		0.57	0.59	0.49
邢台	0.26	0.29	0.54	0.50	0.42	0.43	0.40	0.38	0.48	0.38	0.43		0.52	0.42
衡水	0.24	0.27	0.52	0.48	0.40	0.41	0.39	0.36	0.46	0.36	0.41	0.48		0.40

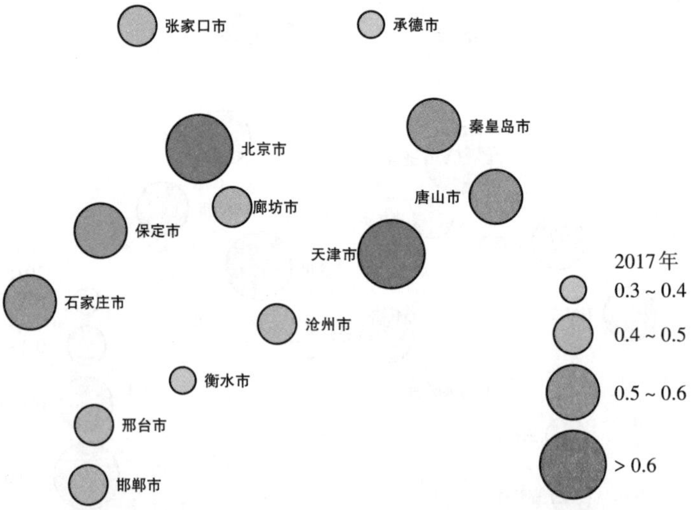

图4-14　京津冀城市群各城市制造业断裂点距离（2017年）

（1）从时间演化过程看

京津冀城市群在2000、2005、2010、2015、2017年5个研究时段的城市间断裂点的实际值范围分别在16.48～362.52km、17.25～387.57km、19.16～377.53km、20.37～377.31km和17.86～394.41km，相对距离分别在0.19～0.81、0.21～0.79、0.23～0.77、0.23～0.77、0.23～0.77。整体来看，城市断裂点的低辐射范围略有扩张，但并不能对相应城市产生影响力。

（2）从空间演化格局看

2000年，北京、天津、张家口、保定、石家庄共5个城市到其他城市的断裂点的相对距离平均达到0.5以上，具有较强的辐射能力；2005年，北京、天津、承德、秦皇岛、保定、石家庄、唐山共7个城市到其他城市的断裂点的相对距离平均达到0.5以上，具有较强的辐射能力；2010年，北京、天津、保定、石家庄、唐山共5个城市到其他城市的断裂点的相对距离平均达到0.5以上；2015年，北京、天津、保定、石家庄、唐山、秦皇岛、沧州共7个城市到其他城市的断裂点的相对距离平均达到0.5以上；2017年，北京、天津、保定、石家庄、唐山、秦皇岛、沧州共7个城市到其他城市的断裂点的相对距离平均达到0.5以上。

纵观2000—2017年5个研究时段京津冀城市群13个城市相互之间断裂点相对距离的变化，北京、天津、石家庄、保定、唐山可以作为京津冀城市群制造业发展的中心城市，与其他城市一起形成了多元中心的格局，对于促进制造业在京津冀城市群中的有效流动具有重要意义。

4.4　本章小结

首先，本章通过时间与空间两个维度，对2000年以来京津冀城市群制造业发展的时空演化特征进行刻画。选取区位熵分别对京津冀城市群整体以及13座城市近年来制造业下各行业部门的优劣演化进行分析，之后利用产业平均集中率探讨了近年来京津冀城市群制造业整体和不同要素的制造业的集聚与扩散情况；其次，利用偏离—份额法对京津冀城市群内各城市制造业整体，以及不同要素的制造业结构优劣与竞争力强弱进行讨论；最后，利用改进的引力模型讨论京津冀城市群各城市之间制造业的相互作用强度。

第5章　京津冀城市群制造业时空分布影响因素分析

产业空间布局整体受到政策指导与市场调控的双重影响。京津冀城市群的制造业在发展初期更多的是受政策指导的影响，通过后期市场调控的不断深入，子行业通过在地理上集聚或扩散的形式，来促进区域经济的合理发展，提升产业竞争力。为推进京津冀城市群制造业的结构优化与协同发展，探究制造业在转移与扩散过程中受到哪些因素的影响，本章以区位论、梯度推移理论、新经济地理理论、全生命周期理论为研究基础，从资源禀赋、劳动力成本、地理位置和交通运输条件、外部性、拥挤效应、政府行为等多个角度分析京津冀城市群各城市、各类产业的空间分布影响因素，并量化其影响效果。

5.1　产业时空分布的主要影响因素

5.1.1　资源禀赋

一个地区的资源禀赋可以分为自然资源禀赋和社会资源禀赋两大类。自然资源禀赋是影响产业空间分布最直接和最基础的因素，为产业布局提供了物质基础和先决条件。从比较优势理论开始，区域产业分工被认为会按照资源禀赋特征进行生产，各地区的资源禀赋差异和要素的密集度是主要考虑因素，并依据区域间的相对成本差异确定最优的产业地理集中地。自然资源禀赋对于制造业空间分布的影响既有直接性也有间接性，直接影响表现在工业用地、水、矿产、能源等资源的丰富程度会极大地制约一些重化工业的发展；间接影响体现在以第一产业的产品为原料的加工制造业对于第一产业所需自然资源的依赖，如农副食品加工业、木材加工制品业等。

社会资源禀赋一般包括劳动力资源、资本、技术水平等要素，它们在各个区域的密集程度影响着不同类型的产业在各地区的集聚水平。劳动力资源对产业布局的影响主要体现在不同地区劳动力的数量、质量对产业分布的影响。充足的劳动力资源对制造业的发展是有利的，劳动力资源丰富的国家（地区）其人力成本也会相对低廉，对制造业企业具有较大的吸引力，也成为制造业产业集聚的重要力量之一，尤其对于劳动密集型产业更为关键。资本要素在产业发展初期体现出更重要的作用，资本由于其追求剩余价值的本质，使得资本在“追求高利润率”的驱动下在各产业部门和各区域之间流动，从而改变产业部门在各区域的比重。技术要素对产业布局的影响是通过不同区域内技术创新水平的差异对各类产业的吸引力不同形成的，技术要素与高层次人才的比例、科研成果转化的数量、高科技企业的数量与规模、创新环境与意识都有关联。

5.1.2 劳动力成本

劳动力成本是影响产业空间分布变化的传统因素之一，可以用地区的平均工资水平来衡量，它作用于微观的企业层面。按照经济学中企业追求经济利益最大化的假设，企业倾向于在能降低其生产成本的地区进行生产，因此，当一个地区的工资水平较低时，企业更倾向于在此布局，可见，劳动力成本对于产业集聚的影响起负向作用。虽然近年来中国的劳动力成本不断上升，尤其是经济发达的一、二线城市工资水平上涨明显，给低端制造业的生产带来巨大压力，但劳动力成本的上升是否会成为产业向外扩散的决定性因素仍有待验证，对于不同类型的产业，劳动力成本的影响作用也是不同的。

5.1.3　地理位置与交通运输条件

一个地区的地理位置和交通运输条件在现代产业布局中起着越来越重要的作用。优越的地理位置和便利的交通运输条件可以极大地降低运输成本、提高运输效率，形成对外贸易中的优势。比如沿海地区相较于内陆地区在对外贸易中拥有更便利的交通条件和更低廉的运输成本；拥有天然良港的港口型城市更是具备水运贸易的天然优势；处于铁路运输枢纽的城市货物运输成本更低，容易吸引比较依赖铁路运输货物的重化工业企业。地理位置是先天条件，往往无法改变，而交通运输条件却可以通过积极建设交通运输网络，增加城市间公路网络、铁路网络的密度扩大区域经济的市场范围、提高运输效率、降低运输成本，从而对企业集聚产生向心力，进而对产业布局产生明显的影响。值得注意的是，新经济地理理论认为交通运输条件欠佳的地区，交通运输成本较高，经济活动比较分散，随着交通运输条件的改善，会促使经济活动不断集中，然而，当交通运输条件进一步改善时，经济活动又会出现扩散的倾向。因此，交通基础设施的改善对于区域产业集聚的作用可能是正向的也可能是负向的，交通基础设施的不断完善，要素流通性增强，为区域间的产业交流协作与扩散提供了可能。

5.1.4　外部性

新古典经济学的主要代表马歇尔用“外部性”对产业的空间集聚现象进行解释，马歇尔（2001）用三个方面的原因对外部性的形成进行阐述：中间投入品生产的规模经济、劳动力市场的共享、知识外溢。中间投入品生产的规模经济主要是从产业关联角度对企业集聚带来的额外收益进行分析。当众多上下游企业聚集在一起时，下游企业对上游企业提供的中间产品的需求增加，促进了上游企业扩大生产规模，形成规模经济，降低了企业之间的运输成本和信息沟通方面的交易成本，无形中给上下游企业带来额外收益。因此，新经济地理学理论认为，企业的选址往往倾向市场容量更大的地区，市场容量效应是吸引区域产业转入的重要影响因素，区域的市场容量对于企业的转入应该会起到正向作用，而对于企业的转出起到负向作用。

劳动力市场的共享是指企业的集聚降低了劳动力和企业之间的匹配成本，提高了企业获得适合的人力资本的效率，企业集聚程度高会降低跳槽员工搜寻新工作的成本；另一方面，相同类型企业分布在一起也使得员工的学习成本和流动成本下降。

知识外溢体现了企业聚集加速了行业内信息的传播和技术的扩散，提高了整个行业的技术水平和生产率。同一产业的大量企业集中于某一地区有助于形成该地区在这一产业内的专业化分工，促进产业内知识的外溢与技术的扩散，因此地区产业专业化水平越高，同一产业内聚集的企业越多，越有利于降低交易成本，形成外部经济。

5.1.5 拥挤效应

拥挤效应是描述随着经济活动过于集聚于某一区域而引发该区域的经济活动效率和效益下降的状况。当区域内企业过度集聚时，企业对当地的配套公共服务和基础设施的需求增加，如果无法得到满足，就会制约企业的发展，同时生产活动成本和生活成本也会由于需求的增加而上升，从而降低企业的利润。基于“经济人”原则，企业为谋求更大利益而选择到成本更低和配套服务更好的地区进行发展，从而由经济活动聚集的中心城市转移。当企业在一个区域的集中度急剧上升时，也会促使土地的需求量增加而导致企业的用地成本上升，从而遏制企业在区域内集聚的态势，形成与集聚相反的离心力。拥挤效应也来源于激烈的市场竞争，随着产业集聚企业数量的不断增加，市场上产品的供给数量远远超过需求，企业之间的竞争将愈演愈烈，行业内实力不济的企业迫于竞争压力会选择向外围经济发展落后地区扩散，因此，市场竞争越激烈，企业向外转移的动力越强。

5.1.6　政府行为

地方政府在自主发展经济方面的主导权逐渐增强，为提升地方经济实力和竞争力，政府往往会制定各类区域政策和产业发展政策对产业在区域的分布进行合理规划。实践证明，产业集聚发展对于地区经济增长的重要性越来越强，各地政府部门都在不遗余力地创造本地优势产业的集群化发展。为吸引各类要素资源向本地区集聚，各地政府纷纷通过加大固定资产投资、减免税收、规划产业园区等方式，对重点产业进行扶植或调整，促进区域产业在空间上更加合理地分布，并引导相关资源要素在区域内的不同产业中更有效率地配置，政府行为在产业布局中所体现的作用越发显著。

5.2　京津冀城市群分区域制造业影响因素实证分析

5.2.1　变量选取和模型选择

5.2.1.1　选取变量

根据前文分析，本节在分析京津冀城市群制造业历年时空分布演化过程中的主要影响因素及影响程度时，将其主要影响因素归纳为以下几个方面。

（1）资源禀赋（Resource，变量简写为*Re*）

本书所指的资源特指自然资源，主要包括土地资源、水资源、矿产资源、生物资源等。由于产业发展，尤其是资源密集型产业的发展往往会倾向于资源富集区进行布局。对于制造业而言，不同的制造业门类在资源生产要素的投入区分主要体现在矿产资源的依赖程度不同，资源密集型制造业所指的也主要是矿产资源密集型制造业。基于此，本节选择矿产资源的充裕程度作为解释变量，来衡量各地区的资源禀赋，具体采用各市采矿业的产值占京津冀城市群采矿业产值之比来代表。

（2）劳动力成本（Wage，变量简写为*Wa*）

京津冀城市群的制造业发展在全国制造业发展格局中处于领先地位，尤其是北京、天津等城市的高新技术制造业发展已经走在全国的前列。虽然部分高新技术制造业已经实现人工智能发展，但是对于大部分制造业，尤其是劳动密集型制造业而言，人力成本的高低对于企业的成本控制起着决定性作用，劳动力资源的丰富与劳动力成本仍然是决定这类制造业布局的主要影响因素。基于目前这类制造业的发展实际，本节选用劳动力收入作为解释变量来衡量各地区的劳动力成本，具体采用各市制造业在岗职工的平均工资与京津冀城市群制造业在岗职工的平均工资之比来代表。

（3）交通条件（Traffic，变量简写为*Tr*）

传统区位论认为，交通运输条件发达与否是影响企业布局的主要因素。之后新经济地理学的研究也证明交通基础设施水平与区域产业集聚程度呈现倒U形的关系，即某地区在交通水平条件一般时吸引产业的能力也相对有限，随着交通条件逐渐提升，地区经济集聚的现象逐渐明显，在通达度提高到一定水平时，企业并不将交通运输条件作为衡量成本收益的主要指标，产业的扩散现象逐渐产生。基于此，本书有必要验证京津冀城市群的交通运输水平与产业集聚之间的关系处于倒U形曲线的哪个阶段。京津冀城市群的货物运输长久以来一直以公路运输为主，一个地区的公路网络越发达，交通基础设施越完善。本节选用路网发达程度作为解释变量来衡量各地区的交通条件，具体采用各市公路通车里程来代表。

（4）市场需求（Market，变量简写为*Mar*）

市场的需求直接关系到制造业的发展布局，劳动密集型和资本密集型的低技术附加值的制造业一般更倾向于布局在市场容量大的地区。而市场需求与消费者的购买力直接相关，一个地区的消费者购买力越强，市场需求越大，对企业的吸引力越强。本书认为市场需求对于制造业的集中具有正向的吸引力，本节选用市场需求作为解释变量来衡量各地区的市场繁荣程度，具体采用各城市的社会消费品零售总额与京津冀城市群的社会零售总额之比代表。

（5）外部性（Externalities，变量简写为*Ex*）

外部性通过具有行业关联性的企业聚集起来产生出额外的收益，相关企业数量越多，外部性越明显，本节借鉴金煜等（2006）对外部性的衡量方法，用工业企业数量作为解释变量来衡量各地区的外部性，具体采用各市工业企业数量与京津冀城市群的工业企业总数之比代表。

（6）拥挤效应（Crowding Effect，变量简写为*CE*）

社会经济活动中各类要素在某一地区的过度集聚会导致该地区出现人口膨胀、交通拥堵、生产成本和生活成本上涨、环境承载力下降等一系列外部不经济的现象，这也是促使企业转移的主要影响因素。基于此，本节选择地区的消费价格作为解释变量来衡量地区的拥挤效应，具体采用各市居民消费价格指数来代表。

（7）技术研发能力（Technology Research and Development Capacity，变量简写为*TRDC*）

新经济地理学认为，技术研发能力是影响产业空间布局的重要因素（M. Fujita，2007）。企业主要是通过加大科研经费投入、加强科研人才招募等方式提升企业在本产业中的科技发展水平。反映某一产业科技发展水平的直接体现是新产品研发能力的强弱，而新产品的产值是检验企业技术创新能力的重要指标，因此，本书用新产品产值作为解释变量衡量地区的技术研发能力，具体采用各市制造业新产品产值占京津冀城市群制造业新产品产值之比来代表。

（8）对外开放程度（Opening Degree，变量简写为*OD*）

经济全球化和区域的对外开放不断加强，进一步强化了制造业集聚发展的重要性。外商直接投资往往倾向于市场潜力大、劳动力充裕且价格低廉、交通便利的地区。外资企业或出口贸易类企业的集聚有利于形成产业内分工和市场信息共享，从而降低企业的交易成本，曾经一度成为地区经济增长的决定性因素。京津冀城市群作为中国环首都的城市群，位于环渤海地区，港口条件成熟，在政策与区位上都具有显著的对外开放优势，但是京津冀城市群的对外开放程度相较于长三角和珠三角仍显滞后。随着京津冀城市群不同地区的生产要素价格差异逐渐扩大，以及产业结构调整的不断深化，外商投资的目标也逐渐向劳动力价格更加低廉的欠发达地区转移，同时也带动了相应产业的转移。这些产业是否能在京津冀城市群内部转移，并形成协同发展趋势值得关注。本节选择各市实际利用外资作为解释变量衡量地区的对外开放程度，具体采用各市实际利用外资占各市GDP之比来代表。

（9）政策环境（Policy，变量简写为*Pol*）

《京津冀城市群协同发展规划纲要》作为京津冀城市群一体化发展的顶层设计，明确了北京、天津、河北的制造业发展思路，尤其是缓解北京非首都功能的发展定位使得北京在近年来转移出了大量的劳动密集型产业，对于京津冀城市群整体的制造业空间布局演化产生了显著的影响。此外，根据自身的城市发展定位，政府也通过各项政策措施控制或者吸引、转移各类制造业的发展。本节选择制造业的投资作为解释变量衡量地区政策支持度，具体采用各市政府对制造业的固定资产投资额占全市固定资产投资总额之比来代表。

综上所述，京津冀城市群制造业时空分布演化的影响因素模型变量选择如表5-1所示。

表5-1　分区域变量选取及数据选择

变量类型	变量名称及代码	数据选择
被解释变量	产业聚集度（*y*）	产业平均集中率
解释变量	资源禀赋（*Re*）	各市采矿业的产值占城市群采矿业产值之比
	劳动力成本（*Wa*）	各市制造业在岗职工的平均工资与城市群制造业在岗职工的平均工资之比
	交通条件（*Tr*）	各市公路通车里程
	市场需求（*Mar*）	各地的社会消费品零售总额与城市群的社会零售总额之比
	外部性（*Ex*）	各市工业企业数量与城市群的工业企业总数之比
	拥挤效应（*CE*）	各市居民消费价格指数
	技术研发能力（*TRDC*）	各市制造业新产品产值占城市群制造业新产品产值之比

表5-1（续）

变量类型	变量名称及代码	数据选择
	对外开放程度（*OD*）	各市实际利用外资占各市GDP之比
	政策环境（*Pol*）	各市政府对制造业的固定资产投资额占全市固定资产投资总额之比

5.2.1.2 模型选择

（1）京津冀城市群整体制造业时空演化影响因素模型

将以上影响京津冀城市群制造业时空分布演化的因素设为解释变量，用产业平均集中率来衡量区域产业的集聚程度，并设为被解释变量，对京津冀城市群整体进行建模分析，模型如下：

$$\begin{aligned} y_{it} = \beta_0 + \beta_1 Re_{it} + \beta_2 Wa_{it} + \beta_3 Tr_{it} + \beta_4 Mar_{it} + \beta_5 Ex_{it} \\ + \beta_6 CE_{it} + \beta_7 TRDC_{it} + \beta_8 OD_{it} + \beta_9 Pol_{it} + \varepsilon_{it} \end{aligned} \tag{5-1}$$

式中，$i=1$，2，3，…，13，表示面板数据中以京津冀城市群13个城市数据为截面数据；$t=1$，2，3，…，18，代表2000—2017年连续18个时间节点；y_{it}是不同时间节点下，京津冀城市群13个城市制造业的集中度；Re_{it}是不同时间节点下各市采矿业的产值占城市群采矿业产值之比；Wa_{it}是不同时间节点下各市制造业在岗职工的平均工资与城市群制造业在岗职工的平均工资之比；Tr_{it}是不同时间节点下各市公路通车里程；Mar_{it}是不同时间节点下各地的社会消费品零售总额与城市群的社会零售总额之比；Ex_{it}是不同时间节点下各市工业企业数量与城市群的工业企业总数之比；CE_{it}是不同时间节点下各市居民消费价格指数；$TRDC_{it}$是不同时间节点下各市制造业新产品产值占城市群制造业新产品产值之比；OD_{it}是不同时间节点下各市实际利用外资占各市GDP之比；Pol_{it}是不同时间节点下各市政府对制造业的固定资产投资额占全市固定资产投资总额之比。

面板数据的回归分析可以分为以下3种模型：混合OLS模型、固定效应模型、随机效应模型。混合OLS模型是假设不同截面不同时间的个体之间没有显著的差异性，所以将所有的截面数据与时序数据混合在一起进行最小二乘法估计，这种模型掩盖了各类截面数据和时序数据之间的异质性；固定效应模型是指对于不同截面或不同时间序列模型中的截距项是不同的，而模型中回归元的系数不会随研究对象或时期的改变而改变；随机效应模型则假定截距项是从更大的总体中随机抽取的。判别三种面板数据模型的适用性可以用约束F检验和豪斯曼检验（Hausman test），F检验的原假设是个体截距项无差异，应使用混合回归模型进行估计，若F检验结果是显著拒绝原假设，则应使用固定效应模型；豪斯曼检验的虚拟假设是固定效应模型与随机效应模型的估计量不存在明显差异，如果虚拟假设被拒绝，则可以认为随机效应模型不适当，固定效应模型优于随机效应模型（N. Damodar，2015）。

（2）京津冀城市群各城市制造业时空演化影响因素模型

将以上影响京津冀城市群制造业时空分布演化的因素设为解释变量，用各城市产业平均集中率来衡量区域产业的集聚程度，并设为被解释变量，分别对京津冀城市群13个城市进行建模分析，模型如下：

$$\begin{aligned} y_t = \beta_0 + \beta_1 Re_t + \beta_2 Wa_t + \beta_3 Tr_t + \beta_4 Mar_t + \beta_5 Ex_t \\ + \beta_6 CE_t + \beta_7 TRDC_t + \beta_8 OD_t + \beta_9 Pol_t + \varepsilon_i \end{aligned} \quad (5\text{-}2)$$

式中，y_t，Re_t，Wa_t，Tr_t，Mar_t，Ex_t，CE_t，$TRDC_t$，OD_t，Pol_t（$t=1, 2, 3, \cdots, 18$）为第t次观测样本；β_j（$j=0, 1, 2, 3, \cdots, 9$）为模型参数；ε_i为随机扰动项。

5.2.2 影响因素的相关性分析

在进行线性回归分析之前，首先对本书提出的影响产业时空演化的各种因素进行相关性分析，以便进一步了解各种影响因素之间是否存在相互依存、相互影响，以及根据变量之间的相关强度判断是否存在多重共线性，从而提高回归结果的准确性。两个变量之间的相关性检验的原假设是两个变量之间零相关，取显著性水平为0.1，相关性分析结果如表5-2所示，在显著拒绝原假设的相关系数中，拥挤效应（*OD*）与市场需求（*Mar*）、拥挤效应（*OD*）与外部性（*Ex*）、拥挤效应（*OD*）与技术研发能力（*TRDC*）的相关系数分别为0.507、0.690、0.569，相对略高，其余各个模型的解释变量之间的相关系数均低于0.5，因此影响因素变量相互之间不存在严重的多重共线性，可以对变量进行线性回归建模。

表5-2　解释变量间相关系数检验

	Re	*Wa*	*Tr*	*Mar*	*Ex*	*CE*	*TRDC*	*OD*	*Pol*
Re	1								
Wa	0.204	1							
Tr	0.114	0.177	1						
Mar	0.278	0.485	0.329	1					
Ex	0.455	0.396	0.228	0.445	1				
CE	−0.051	−0.018	0.161	−0.050	−0.061	1			
TRDC	0.279	0.482	0.330	0.375	0.467	−0.054	1		
OD	0.351	0.275	0.005	0.507	0.690	−0.109	0.569	1	
Pol	−0.010	−0.215	0.049	−0.313	−0.139	0.096	−0.291	−0.117	1

同理，对京津冀城市群13个城市的解释变量分别进行多重共线性检验，13个城市的解释变量之间的相关系数均低于0.7，因此影响因素变量之间不存在严重的多重共线性，可以对变量进行线性回归建模。

5.2.3　回归结果分析

5.2.3.1　全域制造业时空分布影响因素分析

本书依次采用混合回归模型、固定效应模型和随机效应模型对产业布局的影响因素进行回归分析，并通过F检验和豪斯曼检验判断哪个模型的估计效果最优。

通过F检验，可以检验变量间的具体模型形式，其假设为H0选择混合模型、H1选择个体效应模型，检验结果如表5-3所示。

表5-3　F检验结果

	统计量	*P*值	结果
F检验	20.185071	0.00	个体效应模型

如表5-3所示，通过F检验可以发现，*F*统计量约为20.185，其对应的*P*值为0.00，拒绝原假设，因此不应使用混合模型，适合个体效应模型。

通过豪斯曼检验个体效应模型与解释变量之间是否存在相关性，从而检验模型适合固定效应模型还是随机效应模型，其假设为H0选择随机效应，即不存在相关性，H1选择固定效应模型，即存在相关性，检验结果如表5-4所示。

表5-4　豪斯曼检验结果

	统计量	*df*	*P*值	结果
豪斯曼检验	70.193477	9	0.00	固定效应

通过豪斯曼检验的卡方统计量约为70.193，对应的*P*值为0.00，拒绝原假设，因此应选用固定效应模型对京津冀城市群的制造业时空演化影响因素进行回归分析。

最终，对于京津冀城市群13个城市在2000—2017年的制造业时空演化影响因素进行回归的结果如表5-5所示。R^2约是0.9467，模型的拟合度较好，因变量京津冀城市群制造业的产业集中率有94.67%的数据可以被各自变量解释。对各解释变量的显著性检验显示，资源禀赋（*Re*）、市场需求（*Mar*）、技术研发能力（*TRDC*）以及政策环境（*Pol*）的回归系数都显著为正；劳动力成本（*Wa*）和对外开放程度（*OD*）的回归系数在5%显著性水平下显著为负；交通运输条件（*Tr*）、外部性（*CE*）和拥挤效应（*Ex*）在该模型中并不显著。

表5-5　回归结果

变量	相关系数	标准差	*T*统计量	*P*值
C	−0.063184	0.136945	−0.46138	0.645
Re	0.020486	0.011012	1.860348	0.0642

表5-5（续）

变量	相关系数	标准差	T统计量	P值
Wa	−0.002337	0.001087	−2.150568	0.0327
Tr	−0.003467	0.002413	−1.436753	0.1523
Mar	0.593884	0.325748	1.82314	0.0697
Ex	0.107842	0.11203	0.962613	0.3368
CE	0.02145	0.02997	0.715715	0.475
TRDC	0.275707	0.094061	2.931138	0.0038
OD	−0.310966	0.135383	−2.296947	0.0226
Pol	0.01758	0.009984	1.760819	0.0797
R^2	0.946777	Mean dependent var		0.076315
Adjusted R^2	0.941455	S.D. dependent var		0.081161
S.E. of regression	0.019638	Akaike info criterion		−4.932689
Sum squared resid	0.080986	Schwarz criterion		−4.605843
Log likelihood	594.192	Hannan-Quinn criter.		−4.800876
F-statistic	177.89	Durbin-Watson stat		1.250251
Prob（F-statistic）	0			

分别对各解释变量的回归系数进行分析发现，市场需求（*Mar*）与技术研发能力（*TRDC*）是影响京津冀城市群制造业时空演化的最重要决定因素，起到显著的推动制造业集聚的效果，其中市场需求（*Mar*）每增加1个单位，制造业的集中率将约提高0.5939个单位；技术研发能力（*TRDC*）每增加1个单位，制造业的集中率将约提高0.2757个单位。此外，资源禀赋（*Re*）与政策环境（*Pol*）对于京津冀城市群制造业的集聚起到正向作用。与前4项因素相反，劳动力成本（*Wa*）作为企业布局的重要影响因素，对于京津冀城市群制造业的时空分布演化也显示出较强的扩散效应，表明劳动力的工资水平高低仍然是京津冀城市群制造业布局的重要影响因素，工资水平高的地区将会阻碍制造业的发展。值得注意的是，一般认为对外开放程度（*OD*）对于产业集聚具有正向作用，但

本书实证分析出2000—2017年京津冀城市群的外商直接投资对制造业集聚不但没有起到正向作用，反而对京津冀制造业向外扩散产生较为显著的影响。此外，外部性（*CE*）、拥挤效应（*Ex*）与交通运输条件（*Tr*）对于京津冀城市群制造业集聚发展的影响力也并不显著。

5.2.3.2 京津冀城市群分城市时空分布影响因素分析

利用模型二依次对京津冀城市群的13个城市在2000—2017年共18年间制造业时空演化的影响因素进行多元回归分析，结果如表5-6所示。

表5-6 京津冀城市群各城市制造业时空演化影响因素回归结果

城市	*C*	*Re*	*Wa*	*Tr*	*Mar*	*Ex*	*CE*	*TRDC*	*OD*	*Pol*
北京	3.8547*	0.0776*	−0.0252*	−0.4767**	0.3310*	0.4676**	0.1938	0.0585	0.0341*	0.0869*
天津	0.1389	0.1464***	0.0118*	−0.0003	1.4052**	−0.7734*	0.0016	0.2709*	−0.2453*	−0.1292*
承德	0.0184*	−0.0009	0.0003	0.0007*	0.1027	0.0590	−0.0008*	0.1449*	−0.1376**	0.0001
张家口	0.0735**	−0.0254*	−0.0011*	−0.0001*	0.0767	0.0263	−0.0005*	0.1986*	0.2005**	0.0166*
秦皇岛	47.0146*	0.3493*	0.1261	−0.9187***	2.4729*	0.4473	−4.8788**	−0.0478	1.8853***	0.8699**
沧州	−24.0355*	0.0047*	−0.2970*	−0.1849	−2.5269	0.6491*	3.8248**	0.0276*	0.0093	0.0495
保定	−24.0355*	0.0047	−0.2970**	0.1849*	2.5269*	0.6491*	3.8248**	0.0276	0.0093	0.0495*
石家庄	−9.5307*	0.0154*	0.2407**	0.1665*	−2.7003*	1.3837**	0.3763	−0.0121	−0.2540*	0.0300
廊坊	−13.621*	−0.1002**	−0.1232	0.7282*	2.3112*	−1.8553*	−0.0606*	0.2810*	−2.1764*	0.1321*
唐山	−4.6555	0.0705*	−0.0148	−0.5429**	3.3998**	0.6400**	3.2471**	−0.2438**	−0.4791**	0.0241
邯郸	−28.3653**	−0.1150*	0.0726	−0.3176	−5.1271*	0.8276**	3.6721*	0.4207*	0.2360**	−0.1203
邢台	89.5131**	−0.1048	−1.5349*	0.0391	17.1885**	−3.6584*	−9.5526*	0.4811**	0.4174*	0.0506
衡水	−2.2888		−0.1663**	−0.4660**	−0.4769	0.9799**	0.5029	0.0308*	0.4095**	0.0911

注：*表示在10%的统计水平上显著，**表示在5%的统计水平上显著，***表示在1%的统计水平上显著。

（1）北京

由表5-6可以看出，北京制造业的时空演化主要受到资源禀赋、劳动力成本、交通运输条件、市场需求、外部性、对外开放程度以及政策环境共7项因素的影响。其中，资源禀赋、市场需求、外部性、对外开放程度与政策环境对于制造业的集聚呈现较为显著的正向关联，劳动力成本和交通运输条件则对产业的集聚有负面影响。

具体来看，北京作为拥有两千万以上常住人口的超大型城市，既是中国的政治中心，同时也是中国的文化、经济中心，北京的产业发展既有市场无形的手的引导，更多的是依靠政府这只有形的手的调控。北京的经济发展已经进入后工业时代，制造业已经不是北京重点支持和发展的产业，但是由于北京特殊的政治、经济和文化地位，以及人口红利带来的巨大市场，北京仍然是中国乃至全球制造业总部以及研发机构首选的地区之一。因此近年来，北京市的制造业集聚主要受到市场需求、对外开放程度以及政府对于制造业固定资产投资的支持。但是由于北京的生活成本与生产成本相对京津冀城市群的其他城市仍然较高，因此劳动力的工资过高成为制造业产业转移的主要影响因素。另外，随着北京市交通运输体系的不断成熟，对于制造业的扩散也产生了积极的推动作用。

（2）天津

由表5-6可以看出，天津制造业的时空演化主要受到资源禀赋、劳动力成本、市场需求、外部性、技术研发能力、对外开放程度以及政策环境共7项因素的影响，其中，资源禀赋、劳动力成本、市场需求和技术研发能力对于制造业的集聚呈现较为显著的正向关联，外部性、对外开放程度以及政策环境则对产业的集聚有负面的影响。

具体来看，天津是传统的工业强市，制造业基础良好，同时借助港口优势，天津在装备制造、能源化工制造等方面发展迅速，制造业的集聚效应明显。从不同的影响因素来看，近年来，劳动力成本与制造业的集聚呈现出正向相关关系，结合技术研发能力的水平这一项因素同样为正向影响来分析，本书认为由于天津的制造业科技化水平相对较高，因此制造业从业人员的劳动报酬也随之升高，这种表现形式与传统的劳动力成本和产业集聚为反相关的发展方式不同，也更加说明科技要素对于制造业发展的重要性。对于外部性来说，外部性通过具有行业关联性的企业聚集起来产生出额外的收益，相关企业数量越多，外部性越明显，但是天津的制造业集聚与外部性呈现反相关的联系，这可能由于天津的制造业产业链条仍然较短，制造业多集中于某几样优势产业。此外，值得注意的是，对外开放程度与政府政策环境同样为促进制造业的集聚。对于前者来说，对外开放的投资更多关注在第三产业方向，对于制造业的推动作用有限；对于后者来说，制造业固定资产的投资往往比较巨大、投资回报周期较长，对于经济实力有限的中小微制造业来说缺乏竞争优势，市场份额会不断被大型企业占有，这两点原因可能会造成上述两项因素对于制造业的集聚产生抑制。

（3）承德

由表5-6可以看出，承德制造业的时空演化主要受到交通运输条件、拥挤效应、技术研发能力和对外开放程度的影响。其中，交通运输条件和技术研发能力的提高对于制造业集聚有显著的正向促进作用，而拥挤效应与对外开放程度的提升则对制造业的集聚有一定的负面影响。

承德位于京津冀城市群的东北部，市属范围大多处于燕山山脉之中，虽然矿产资源丰富，但是交通条件相对封闭，是制造业发展的主要制约因素。通过模型检验发现，承德近年来交通运输条件的改善和技术研发能力的提升对于制造业的发展确实存在着显著的推动作用。而由于承德的市场需求有限，拥挤效应也加速了制造业的转移。此外，对外开放程度的提高并没有促进承德制造业的集聚，这可能是由于外商投资更多集中在第三产业方面，对于制造业的发展影响并不显著。

（4）张家口

由表5-6可以看出，张家口制造业的时空演化主要受到资源禀赋、劳动力成本、交通运输条件、拥挤效应、技术研发能力、对外开放程度和政策环境共7项因素的影响。其中，对外开放程度与政策环境的改善对制造业的集聚有积极的促进作用，而资源禀赋、劳动力成本、交通运输条件、拥挤效应和技术研发能力有可能加速制造业的转移。

具体来看，资源禀赋对于张家口制造业并没有形成积极的推动作用，这主要归因于张家口承担着重要的北京市生态屏障的作用，因此丰富的矿产资源并不能对制造业的进一步扩大起到明显的作用。此外，交通条件的改善也加速了制造业的转移，综合考虑拥挤效应，本书认为张家口的市场需求相对较弱，再加上生态保护的限制，一旦交通运输条件有所改善，市场达到饱和，势必加快张家口制造业的转移。值得注意的是，技术研发能力提升同样会加快张家口制造业的转移，说明张家口制造业在技术研发投入力度以及所取得的成效上仍然较弱，不能满足制造业的发展需求。另外，由于张家口的制造业相对集中在劳动密集型和资本密集型，对于技术的要求相对较低，科研投入的经费使得企业的成本增加，利润下降，因此目前科研技术的提升还不能促进张家口制造业的集聚。

（5）秦皇岛

由表5-6可以看出，秦皇岛市制造业的时空演化主要受到资源禀赋、交通运输条件、市场需求、拥挤效应、技术研发能力、对外开放程度和政策环境共7项因素的影响。其中，资源禀赋、市场需求、对外开放程度与政策环境的改善对制造业的集聚有积极的促进作用，而交通运输条件和拥挤效应有可能加速制造业的转移。

秦皇岛在发展技术密集型、资源密集型和资本密集型的制造业方面均具有较强的竞争优势，从不同的影响因素发展情况来看，秦皇岛的制造业在承接北京的劳动密集型制造业方面不具备区位优势，随着交通运输条件的改善，近年来制造业有转移发展的趋势，在今后的发展中应该更多地吸引外资，扩大制造业基础设施建设，将制造业发展重点集中在重型制造业方面。

（6）沧州

由表5-6可以看出，沧州制造业的时空演化主要受到资源禀赋、劳动力成本、外部性、拥挤效应与技术研发能力共5项因素的影响。其中，资源禀赋、外部性与技术研发能力对于产业集聚作用积极，而劳动力成本与拥挤效应则会抑制地区制造业的集聚发展。

沧州紧邻天津，在承接天津传统制造业转移方面具有一定的区位优势，但是劳动力成本的上涨、物价水平的上涨都不利于这些低技术制造业的发展。同时，沧州应该扩大资源型产业及其上下游产业的发展，提升各类制造业的科技研发水平，从而加速制造业的集聚。

（7）保定

由表5-6可以看出，保定制造业的时空演化主要受到劳动力成本、交通运输条件、市场需求、外部性、拥挤效应与政策环境共6项因素的影响。其中，仅有劳动力成本对于保定市制造业的集聚起到了抑制作用，其余5项因素都对于制造业的集聚具有积极的促进作用。

保定市位于石家庄与北京之间的中心地带，既是两市制造业转移的主要承接地，同时又紧邻两个巨大的市场，制造业发展具有得天独厚的优势。近年来，保定的制造业发展相对平稳，各类因素对于制造业的影响也基本符合市场发展的一般规律。需要注意的是，拥挤效应对于保定制造业的集聚起到显著的推动作用，这可能是由于制造业的发展能明显带动城市经济增长，从而引起物价的升高，市场需求旺盛加剧了制造业的集聚。

（8）石家庄

由表5-6可以看出，石家庄制造业的时空演化主要受到资源禀赋、劳动力成本、交通运输条件、市场需求、外部性与对外开放程度共6项因素的影响。其中，资源禀赋、劳动力成本、交通运输条件与外部性对于制造业的集聚起到了显著的正向影响，而市场需求与对外开放程度则在近年来抑制了石家庄制造业的集聚发展。

石家庄作为河北省的省会，是京津冀城市群的第三大经济体，对于周边城市的辐射带动作用明显。近年来，交通条件的改善、制造业产业链条的完善对于石家庄的制造业集聚有明显的促进作用。但是由于石家庄的产业结构不断调整，外商投资更多倾向于第三产业的发展，第三产业的发展也对石家庄制造业的集聚产生了一定的抑制作用。值得注意的是，在传统的市场发展规律下，市场需求繁荣度应当与制造业的集聚呈现正向的关联，但是石家庄的制造业发展与市场需求呈现反向关系，这可能是由于石家庄对于传统劳动密集型产业的疏解，同时高附加值制造业的发展并未成熟，因而造成两者之间的抑制关系。

（9）廊坊

由表5-6可以看出，廊坊制造业的时空演化主要受到资源禀赋、市场需求、外部性、拥挤效应、技术研发能力、对外开放程度与政策环境共7项因素的影响。其中，资源禀赋、市场需求、技术研发能力和政策环境对于制造业的集聚促进作用明显，而外部性与对外开放程度的提升则在近年来抑制了廊坊制造业的集聚发展。

廊坊紧邻北京和天津，位于京津冀城市群的腹地，区位优势明显，近年来廊坊制造业发展迅速，但是外部性则表现出对于制造业集聚发展的抑制，这一方面可能是由于指标代表性的问题引起，另外也有可能是因为企业之间缺乏关联，相互之间没有生产关系的企业对于劳动力、土地、资本等生产要素形成竞争关系，企业因为缺乏适宜的发展环境而转移至其他地区，从而导致廊坊制造业的扩散。

（10）唐山

由表5-6可以看出，唐山制造业的时空演化主要受到资源禀赋、交通运输条件、市场需求、外部性、拥挤效应、技术研发能力与对外开放程度共7项因素的影响。其中，资源禀赋、市场需求、外部性与拥挤效应对于制造业的集聚促进作用明显，而交通运输条件、技术研发能力与对外开放程度的提升则在近年来抑制了唐山制造业的集聚发展。

唐山作为资源型城市，黑色金属冶炼和压延及相关联的重工业发展基础深厚。但是回归模型检验发现，唐山的交通运输条件、技术研发能力与对外开放程度均抑制了制造业的集聚。这一方面是由于唐山位于京津冀城市群东北部，紧邻渤海湾，制造业生产产品更多是依靠海路运输，而本书指标参考的是公路运输条件，因此对于唐山的适用性较弱。另外，唐山的重工业发达，产品的市场需求并不局限于京津冀城市群，因此与京津冀的产业关联性不强。在技术研发能力这一因素方面，由于唐山的制造业相对单一，而且传统钢铁产业产能过剩，生产方式较为落后，缺乏竞争优势，技术研发能力的投入仍然不足以改变产业发展滞后的现状，反而增加了企业的生产成本，因此造成了技术研发能力的增加加剧了产业转移的情况。

（11）邯郸

由表5-6可以看出，邯郸制造业的时空演化主要受到资源禀赋、市场需求、外部性、拥挤效应、技术研发能力与对外开放程度共6项因素的影响。其中，外部性、拥挤效应、技术研发能力与对外开放程度对于制造业的集聚促进作用明显，而资源禀赋与市场需求则在近年来抑制了邯郸制造业的集聚发展。

邯郸位于河北省西南部，承接产业转移的地理区位优势并不明显，但邯郸作为资源型城市，在资源密集型、资本密集型和技术密集型制造业的发展方面具有一定优势，回归结果也证明了外部性、技术研发能力对于促进邯郸制造业集聚效果显著，邯郸在今后应该充分利用资源优势，吸引外资，提升技术研发能力，加快促进高附加值制造业的集聚与发展。

（12）邢台

由表5-6可以看出，邢台制造业的时空演化主要受到劳动力成本、市场需求、外部性、拥挤效应、技术研发能力与对外开放程度共6项因素的影响。其中，市场需求、技术研发能力与对外开放程度对于制造业的集聚促进作用明显，而劳动力成本、外部性与拥挤效应在近年来抑制了邢台制造业的集聚发展。

市场容量对于邢台的制造业发展影响效果显著，市场需求繁荣能显著促进制造业的集聚，但是更多是促进传统劳动密集型产业的发展，邢台具有优质的资源型产业及其上下游关联产业的发展明显受到了抑制，因而造成外部性的增加会促使制造业转移。

（13）衡水

由表5-6可以看出，衡水制造业的时空演化主要受到劳动力成本、交通运输条件、外部性、技术研发能力与对外开放程度共5项因素的影响。其中，外部性、技术研发能力与对外开放程度对于制造业的集聚促进作用明显，而劳动力成本和交通运输条件则在近年来抑制了衡水制造业的集聚发展。

通过模型检验发现，衡水的制造业随着劳动力成本的增加而呈现转移的趋势。此外，随着交通条件的改善，制造业也发生了转移，这可能是由于制造业转移至更接近市场的区位。回归结果证明衡水的外部性、技术研发能力对于促进制造业集聚效果显著，衡水在今后应该加大吸引外资与科技研发的能力，提升高附加值制造业的集聚与发展。

5.3　京津冀城市群不同生产要素类型制造业的影响因素实证分析

5.3.1　变量选取和模型选择

5.3.1.1　选取变量

依据制造业发展的主要生产要素不同，本书将制造业分为劳动密集型、资本密集型、技术密集型和资源密集型4种，本节进一步探讨各种类型的制造业在集聚和扩散发展过程中的主要影响因素以及其具体的影响程度。同京津冀城市群分区域制造业影响因素的分析思路相同，本节基于比较优势理论、新经济地理学以及经济政策、政府定位等几方面考虑，将京津冀城市群劳动密集型、资本密集型、技术密集型和资源密集型制造业演化布局的影响因素分解为资源禀赋、劳动力成本、交通条件、市场需求、外部性、金融环境、技术研发能力、对外开放程度和政策环境9项因素。

具体来看，在对于不同生产要素类型的制造业影响因素研究中，仅有金融环境与上节指标不同，它是指一个地区在一定的金融体制和制度下，影响经济主体活动的各种要素的集合，对于促进地区产业集聚或扩散具有重要的影响作用。由于不同类型的制造业对融资环境的需求不同，因此，本书想考查各地区的金融环境对于不同类型制造业的演化会产生怎样的影响。本节用金融机构的资金充裕度作为解释变量衡量地区金融环境的发达程度，具体采用各市金融机构本外币贷款额来代表，变量简写为Fi。

综上所述，京津冀城市群按照不同生产要素划分的制造业时空分布演化的影响因素模型变量选择如表5-7所示。

表5-7 分生产要素变量选取及数据选择

变量类型	变量名称及代码	数据选择
被解释变量	产业聚集度（y）	产业平均集中率
解释变量	资源禀赋（Re）	各市采矿业的产值占城市群采矿业产值之比
	劳动力成本（Wa）	各市制造业在岗职工的平均工资与城市群制造业在岗职工的平均工资之比
	交通条件（Tr）	各市公路通车里程
	市场需求（Mar）	各地的社会消费品零售总额与城市群的社会零售总额之比
	外部性（Ex）	各市工业企业数量与城市群的工业企业总数之比
	金融环境（Fi）	各市金融机构本外币贷款额
	技术研发能力（$TRDC$）	各市制造业新产品产值占城市群制造业新产品产值之比
	对外开放程度（OD）	各市实际利用外资占各市GDP之比
	政策环境（Pol）	各市政府对制造业的固定资产投资额占全市固定资产投资总额之比

5.3.1.2 模型选择

本书采用多元线性回归方程对京津冀城市群不同生产要素类型的劳动密集型、资本密集型、技术密集型和资源密集型制造业的时空演化影响因素进行分析，4类制造业的模型（三、四、五、六）均可用下面公式表达：

$$\begin{aligned} y_{it} = \beta_0 + \beta_1 Re_{it} + \beta_2 Wa_{it} + \beta_3 Tr_{it} + \beta_4 Mar_{it} + \beta_5 Ex_{it} \\ +\beta_6 Fi_{it} + \beta_7 TRDC_{it} + \beta_8 OD_{it} + \beta_9 Pol_{it} + \varepsilon_{it} \end{aligned} \tag{5-3}$$

式中，$i = 1, 2, 3, \cdots, 13$，表示面板数据中以京津冀城市群13个城市数据为截面数据；$t = 1, 2, 3, \cdots, 18$，代表2000—2017年连续18个时间节点；y_{it}是不同时间节点下，京津冀城市群不同生产要素类型下的13座城市制造业的集中度；Re_{it}是不同时间节点下各市采矿业的产值占城市群采矿业产值之比；Wa_{it}是不同时间节点下各市制造业在岗职工的平均工资与城市群制造业在岗职工的平均工资之比；Ex_{it}是不同时间节点下各市工业企业数量与城市群的工业企业总数之比；Tr_{it}是不同时间节点下各市公路通车里程；Mar_{it}是不同时间节点下各地的社会消费品零售总额与城市群的社会零售总额之比；Fi_{it}是不同时间节点下各市金融机构本外币贷款额；$TRDC_{it}$是不同时间节点下各市制造业新产品产值占城市群制造业新产品产值之比；OD_{it}是不同时间节点下各市实际利用外资占各市GDP之比；Pol_{it}是不同时间节点下各市政府对制造业的固定资产投资额占全市固定资产投资总额之比。

5.3.2　影响因素的相关性分析

在进行线性回归分析之前，首先对本书提出的影响不同生产要素制造业时空演化的各种因素进行相关性分析，以便进一步了解各种影响因素之间是否存在相互依存、相互影响，以及根据变量之间的相关强度判断是否存在多重共线性，从而提高回归结果的准确性。两个变量之间的相关性检验的原假设是两个变量之间零相关，取显著性水平为0.5，相关性分析结果如表5-8所示，在显著拒绝原假设的相关系数中，外部性（*Ex*）与资源禀赋（*Re*）、对外开放程度（*OD*）的相关系数分别为0.507和0.592，技术研发能力（*TRDC*）与市场需求（*Mar*）、金融环境（*Fi*）的相关系数分别为0.575和0.567，相对略高，其余各个模型解释变量之间的相关系数均低于0.5，因此影响因素变量相互之间不存在严重的多重共线性，可以对变量进行线性回归建模。

表5-8　解释变量间相关系数检验

	Re	*Wa*	*Tr*	*Mar*	*Ex*	*Fi*	*TRDC*	*OD*	*Pol*
Re	1								
Wa	0.432	1							
Tr	0.327	0.160	1						
Mar	0.443	0.484	0.347	1					

表5-8（续）

	Re	*Wa*	*Tr*	*Mar*	*Ex*	*Fi*	*TRDC*	*OD*	*Pol*
Ex	0.507	0.395	0.278	0.445	1				
Fi	0.316	0.483	0.323	0.488	0.493	1			
TRDC	0.337	0.480	0.333	0.575	0.467	0.567	1		
OD	0.315	0.277	−0.092	0.406	0.592	0.485	0.465	1	
Pol	−0.257	−0.219	0.097	−0.311	−0.140	−0.337	−0.289	−0.118	1

5.3.3 回归结果分析

依次对模型三、四、五、六的面板数据进行混合回归模型、固定效应模型、随机效应模型分析，由于F检验和豪斯曼检验的*P*值都小于0.01，显著地拒绝混合回归模型和随机效应模型的原假设，所以模型三、四、五、六都选择了固定效应回归模型进行估计，回归结果如表5-9所示。

表5-9　不同生产要素的制造业时空演化影响因素回归结果

	模型三（劳动密集型）	模型四（资本密集型）	模型五（技术密集型）	模型六（资源密集型）
常数项*C*	0.00766 （0.29）	0.01039 （0.32）	0.03827** （1.35）	0.06685** （2.01）
Re	0.07836* （0.68）	0.31528** （2.26）	0.01615 （0.13）	0.08461* （0.59）
Wa	−0.00092 （0.68）	−0.00365* （−0.92）	0.000548 （0.16）	−0.00026 （−0.06）
Tr	−0.00008 （−0.28）	−0.00028 （0.45）	5.83E−07* （1.03）	0.000643* （0.97）
Mar	0.23076* （−0.15）	0.66775* （1.44）	0.22955* （0.56）	−0.70213** （−1.47）
Ex	0.38296** （0.60）	0.075827 （0.4）	0.037863 （0.23）	0.55011*** （2.82）

表5-9（续）

	模型三（劳动密集型）	模型四（资本密集型）	模型五（技术密集型）	模型六（资源密集型）
Fi	0.00098 （0.02）	−0.00082* （−1.24）	−2.00E−06*** （−3.44）	−0.00015** （−2.23）
TRDC	0.277039*** （2.73）	−0.10066* （−0.82）	0.08077* （−0.75）	−0.18729*** （−1.48）
OD	−0.25369** （−1.53）	−0.4786** （−.2.38）	0.75308*** （4.27）	1.08968** （5.25）
Pol	0.00778* （0.68）	0.02655** （1.92）	0.01652** （1.36）	0.00649 （0.46）
R^2	0.9151	0.8492	0.9447	0.85456
F检验	108.7789	56.8387	182.9487	59.3163
Prob（F）	0.0000	0.0000	0.0000	0.0000
豪斯曼检验	240.1547	37.0926	40.2073	25.9060
Prob	0	0.0000	0.0000	0.0000

注：*表示在10%的统计水平上显著，**表示在5%的统计水平上显著，***表示在1%的统计水平上显著。

5.3.3.1　劳动密集型

由表5-9可以看出，劳动密集型制造业的时空演化主要受到资源禀赋、市场需求、外部性、技术研发能力、对外开放程度和政策环境6项因素的影响。其中，仅有对外开放程度与劳动力密集型制造业呈现负相关关系，其余的5项因素都会加速劳动密集型制造业在京津冀城市群的集聚。

通过模型检验发现，京津冀城市群的劳动密集型制造业在近年来的发展与资源禀赋、市场需求关系紧密，资源禀赋与市场需求容量的扩大会显著增加劳动密集型制造业的集聚，此外随着产业链条的逐渐完善，上下游产业的丰富对于促进劳动密集型产业在京津冀城市群的集聚效果显著。虽然劳动密集型制造业的科技化水平相对较低，但是随着企业对于科研投入力度的不断增加，对于促进劳动密集型制造业集聚也具有重要推动作用。值得注意的是，外商投资近年来对于劳动密集型制造业的影响力逐渐下降，劳动密集型制造业更多地表现出国内企业的投资特点。

5.3.3.2 资本密集型

由表5-9可以看出，资本密集型制造业的时空演化主要受到资源禀赋、劳动力成本、市场需求、金融环境、技术研发能力、对外开放程度和政策环境7项因素的影响。其中，资源禀赋、市场需求和政策环境会加速京津冀城市群资本密集型制造业的集聚，劳动力成本、金融环境、技术研发能力和对外开放程度则会促进资本密集型制造业在京津冀城市群的扩散。

资本密集型制造业的典型特点是产业发展前期资本投入大，产业转移的经济成本和社会成本高。从模型的回归结果来看，近年来，随着劳动力价格的上涨，企业会将产业更多布局到市场需求较大、技术研发能力较高、政府各项政策更为宽松的地区。值得注意的是，虽然资本密集型制造业的发展对于资本要素联系紧密，但是京津冀金融环境和外商投资的变化对于资本密集型制造业的集聚发展影响效果并不显著，甚至表现出向对外开放程度低地区转移的特点，也进一步说明京津冀城市群的外商投资在近年来并没有注重在资本密集型制造业的投资，这种投资环境并不适合资本密集型制造业的发展。

5.3.3.3 技术密集型

由表5-9可以看出，技术密集型制造业的时空演化主要受到交通运输条件、市场需求、金融环境、技术研发能力、对外开放程度和政策环境6项因素的影响。其中，仅有金融环境的变化与技术密集型制造业的集聚呈现负相关关系。

技术密集型制造业是涉及电子工程、生物医药、新能源等一系列高经济附加值的战略新兴产业，是各个城市制造业转型升级、提质增效的主要转型方向。京津冀城市群的技术密集型制造业在近年来表现出明显的市场和政府双重引导倾向，交通运输条件的改善、市场需求的扩大、外商投资的增强、政府的政策倾斜都会加快技术密集型制造业的集聚，但是金融环境对于技术密集型制造业的集聚影响并不显著，甚至表现出技术密集型制造业倾向于向存贷款余额较低的城市转移的特性，这更多地反映出京津冀城市群的技术密集型制造业已经摒弃了传统的经济发达地区集聚的特点，开始逐渐向周边地级市扩散，进一步说明京津冀城市群的技术密集型制造业发展正在逐步均衡。

5.3.3.4　资源密集型

由表5-9可以看出，资源密集型制造业的时空演化主要受到资源禀赋、交通运输条件、市场需求、外部性、金融环境、技术研发能力和对外开放程度7项因素的影响。其中，资源禀赋、交通运输条件、外部性、对外开放程度会促进京津冀城市群资源密集型制造业的集聚，而市场需求、金融环境与技术研发能力的改善则会加快资源密集型制造业的扩散。

资源密集型制造业更多集中于传统的资源型城市或是交通运输条件便利，尤其是大宗货物运输方便的港口型城市和铁路枢纽城市。从产业发展的特性来说，资源密集型制造业的前期资本投入较大，对于资源的依赖严重，产业转移的难度较高。京津冀城市群的资源密集型制造业也基本符合上述发展规律，随着交通运输条件的改善、外商投资力度的不断加大、上下游产业链条的丰富，资源密集型制造业也更倾向于向这些区域集聚。值得注意的是，市场需求和金融环境对于资源密集型制造业的发展影响效果并不明显。这首先是因为资源密集型制造业往往是其他制造业的上游产业，其所生产的产品并不会直接面向市场；其次，资源密集型制造业更依赖的是资源和区位的因素，而上述两种因素的城市并不适合资源密集型制造业的发展。所以，近年来京津冀城市群的资源密集型制造业的集聚与市场需求的扩大和金融环境的提升呈现出反相关关系。

5.4　本章小结

本章结合比较优势理论、新经济地理学以及政府行为等角度归纳分析京津冀城市群制造业时空演化的影响因素，具体包括资源禀赋、劳动力成本、交通运输条件、外部性、拥挤效应、政府行为六大因素。基于本书第4章对2000—2017年京津冀城市群制造业集中程度变化情况的分析，用2000—2017年京津冀城市群制造业的产业集中率作为被解释变量，将上述影响制造业空间布局的六方面因素进一步细分为资源禀赋、劳动力成本、交通运输条件、市场需求、外部性、拥挤效应、技术研发能力、对外开放程度、政策环境9个解释变量，实证分析了京津冀城市群整体，以及城市群内13个城市的制造业时空演化影响因素。对于不同生产要素的制造业时空演化影响因素分析，本书在归纳之前解释变量的基础上，结合不同生产要素制造业集聚和扩散的发展特点，用金融环境因素替代外部性因素。之后分别对劳动密集型、资本密集型、技术密集型和资源密集型制造业的时空演化影响因素进行实证研究。

第6章　结论与对策

本书以京津冀城市群制造业的时空演化特征为研究对象，在梳理国内外相关研究成果的基础上，综合产业区位论、产业集聚与扩散相关理论，采用理论与实证相结合的方法，对京津冀城市群的制造业在2000—2017年的时空演化发展特征与时空演化影响因素两部分内容进行了深入的分析与探讨，在此基础上提出促进京津冀城市群内各个城市制造业的协同发展对策建议。

6.1　研究结论

本书得出的主要结论如下。

第一，工业带动京津冀城市群经济增长的能力逐渐减弱，工业竞争优势逐渐下降。改革开放至今，京津冀城市群的工业发展格局发生了显著的变化，第一阶段为1978—1993年的平稳期，城市群的经济发展方式由传统的工农社会向工业化社会转变；第二阶段为1994—2010年的飞跃期，工业发展对于拉动地区经济增长、带动城乡就业、推动区域城市化发展的优势促进了京津冀城市群的工业发展力度；第三阶段为2011—2017年的转型期，城市群内各城市逐步进入淘汰落后产能、培育工业新增长极的工业化中期或是工业化后期阶段，工业对于经济增长的影响力与带动力开始下降。

第二，京津冀城市群制造业发展的历史进程大约可以分为5个阶段：新中国成立初期至1978年，是以北京、天津为引领的中国制造业增长极之一；1978—1989年，制造业进入多元化发展期；1990—2000年，制造业分工体系逐渐完善；2001—2012年，制造业的差异化发展特征更加明显；2013年至今，为适应国内外经济形势的不断变化，京津冀产业协同发展的战略愈发重要，城市群内的制造业进入格局转型重塑期。

第三，纵观京津冀城市群制造业的发展，各城市的制造业经济体量虽然有所缩小，但是差异仍然巨大，内部结构变化并不明显。优势制造业基本集中在技术密集型的汽车制造，计算机、通信和其他电子设备制造业，化学原料和化学制品制造业，电气机械和器材制造业；资源密集型的石油加工炼焦和核燃料加工业、金属制品业；资本密集型的黑色金属冶炼和压延加工业。

第四，通过产业专业化分工研究，在2000—2017年，京津冀城市群内28个子行业中有15个区位熵呈下降趋势，12个行业区位熵呈上升趋势，非金属矿物制品业的区位熵保持不变。其中，在呈下降趋势的行业中，劳动密集型与资本密集型的行业下降比例最高。分城市来看，北京的优势行业长期稳定在技术密集型制造业；天津基本稳定在传统的食品制造业、有色金属冶炼和压延加工业、铁路船舶航空航天和其他运输设备制造业及计算机、通信和其他电子设备制造业；承德优势行业集中在劳动密集型和资本密集型；张家口的劳动密集型产业及烟草制品业具有较强的发展优势；秦皇岛由于地缘优势，铁路船舶航空航天和其他运输设备制造业基础较好；沧州的制造业特点较为明显，主要集中在资源密集型；保定的劳动密集型和资本密集型制造业基础相对较好；石家庄仍以劳动密集型制造业为主，技术密集型的化学原料和化学制品业、医药制造具有一定优势；廊坊近年来在保持传统的农副食品加工业、家具制造等劳动密集型产业之外，通用设备制造，计算机、通信和其他电子设备制造业，仪器仪表制造等技术密集型产业也得到快速发展；唐山在黑色金属冶炼和压延加工业、金属制品业始终保持着绝对优势；邯郸、邢台的优势行业集中在传统的劳动密集型产业，近年来通用设备制造、电气机械和器材制造业发展规模逐渐扩大；衡水的优势制造业集中分布于劳动密集型和资源密集型两类。

第五，从各城市制造业集中率变化整体情况来看，北京、天津和石家庄3市的制造业平均集中率最高，制造业分布最为密集，保定和唐山制造业的平均集中率相对较高，其余城市的制造业平均集中率较低。从各城市不同要素型制造业集中率变化情况来看，北京、唐山的劳动密集型制造业转移效果显著，沧州、邯郸和衡水的劳动密集型制造业则持续集聚；天津和石家庄的资本密集型制造业相对最为集聚，承德、秦皇岛、沧州、邢台和衡水的资本密集型制造业发展基础相对较弱；京津冀城市群的技术密集型制造业分布极不均衡，主要集中在北京和天津两个增长极之中；石家庄、沧州、唐山、衡水与邯郸的资源密集型制造业发展迅速。

第六，对于京津冀城市群制造业结构与竞争力强弱进行分析，从整体来看北京、沧州、张家口的产业结构对经济的贡献率要强于竞争力，天津、保定、石家庄、邢台、廊坊、承德、邯郸的产业竞争力要强于产业结构，唐山的产业结构与竞争力前期优势明显，但竞争力影响高于产业结构；秦皇岛、衡水的产业结构与竞争力相对优势均不明显。从各城市不同要素的制造业变化情况来看，京津冀城市群内各城市的劳动密集型制造业基本呈现结构优势下降的趋势，资本密集型制造业结构优势明显，技术密集型制造业与资源密集型制造业在结构份额与竞争力份额的发展差异较大。

第七，本书利用改进的引力模型和断裂点模型就京津冀城市群内各城市之间的制造业联系进行分析，研究认为各城市的制造业发展之间均有一定的联系，但是联系强度不高且分布差异较大，地域相邻仍然是城市间相互作用强弱的主要影响因素，北京与廊坊、天津与廊坊之间的相互作用强度始终较为紧密，天津与沧州之间、天津与唐山之间、秦皇岛与唐山之间、邯郸与邢台之间也表现出了较强的相互联系。从各个城市来看，北京、天津作为京津冀城市群的2个主要增长极，它们对周边城市甚至是跨区域城市的联系作用要远强于其他城市之间的相互作用。石家庄虽然作为河北省的省会与京津冀城市群的第三大中心城市，但与其他城市的联系度相对较弱。北京、天津、石家庄、保定、唐山可以作为京津冀城市群制造业发展的中心城市，与其他城市一起形成多元中心的格局，对于促进制造业各项发展要素在京津冀城市群中的有效流动具有重要意义。

第八，对于京津冀城市群整体、个体以及不同生产要素的制造业时空演化影响因素进行识别，本书认为，市场需求、技术研发能力、资源禀赋是影响京津冀城市群制造业集聚的主要因素，劳动力成本、对外开放程度对于城市群制造业的时空分布演化表现出较强的扩散影响。对于不同城市来说，北京受到资源禀赋、劳动力成本、交通运输条件、市场需求、外部性、对外开放程度以及政策环境等因素的影响；天津受到资源禀赋、劳动力成本、市场需求、外部性、技术研发能力、对外开放程度以及政策环境的影响；承德受到交通运输条件、拥挤效应、技术研发能力和对外开放程度的影响；张家口受到资源禀赋、劳动力成本、交通运输条件、拥挤效应、技术研发能力、对外开放程度和政策环境的影响；秦皇岛受到资源禀赋、交通运输条件、市场需求、拥挤效应、技术研发能力、对外开放程度和政策环境的影响；沧州受到资源禀赋、劳动力成本、外部性、拥挤效应与技术研发能力的影响；保定受到劳动力成本、交通运输条件、市场需求、外部性、拥挤效应与政策环境的影响；石家庄受到资源禀赋、劳动力成本、交通运输条件、市场需求、外部性与对外开放程度的影响；廊坊受到资源禀赋、市场需求、外部性、拥挤效应、科术研发能力、对外开放程度与政策环境等因素的影响；唐山受到资源禀赋、交通运输条件、市场需求、外部性、拥挤效应、技术研发能力与对外开放程度的影响；邯郸受到资源禀赋、市场需求、外部性、拥挤效应、技术研发能力与对外开放程度的影响；邢台受到劳动力成本、市场需求、外部性、拥挤效应、技术研发能力与对外开放程度的影响；衡水受到劳动力成本、交通运输条件、外部性、技术研发能力与对外开放程度的影响。

第九，对于不同要素制造业的时空演化影响因素来说，劳动密集型制造业受到资源禀赋、市场需求、外部性、技术研发能力、对外开放程度和政策环境的影响；资本密集型制造业受到资源禀赋、劳动力成本、市场需求、金融环境、技术研发能力、对外开放程度和政策环境的影响；技术密集型制造业受到交通运输条件、市场需求、金融环境、技术研发能力、对外开放程度和政策环境的影响；资源密集型制造业受到资源禀赋、交通运输条件、市场需求、外部性、金融环境、技术研发能力和对外开放程度的影响。

6.2　发展对策

6.2.1　京津冀城市群制造业协同发展对策

京津冀城市群在经济规模上已经具有世界级体量，但是各城市的经济联系度与世界同等级城市群相比，甚至是与长三角、珠三角等国内大型城市群相比仍然存在较大的差距，城市群内的行政壁垒、交通限制、基础设施差异等一系列因素依然阻碍着制造业发展要素的自由流动。由于制造业发展要素流动的限制，加剧了京津冀城市群内制造业分工的不明晰与布局的错位。本书认为从整体角度出发，京津冀城市群的制造业应该统筹考虑以下几方面问题。

6.2.1.1　党政共建统筹谋划，完善体制机制建设，引领城市群制造业协同发展新篇章

坚持和完善党领导经济社会发展的体制机制，坚决执行维护党中央权威和集中统一领导的各项制度，始终同以习近平同志为核心的党中央保持高度一致，不断提高贯彻新发展理念、构建新发展格局的能力和水平，为实现高质量发展提供根本保证。针对目前京津冀城市群内各城市之间的行政壁垒仍然突出的问题，京津冀城市群有必要发挥制度优势，进一步巩固党对京津冀协同发展的领导，建立统筹发展领导小组，由各城市的书记作为第一责任人，统筹谋划、统筹发展、统筹协调，建立健全实施保障机制，明确各级党委和政府职责，同时建立市场化、社会化推进机制，设立一批跨区域一体化运作的轨道交通、发展银行和社会组织等专业推进机构。以共需共担、互赢互利为原则，进一步健全政策制定协同机制、建立标准统一管理制度、建立健全重点领域合作机制（如建立区域间成本共担利益共享机制、全域社会治理网格化等），从而在更大范围内整合资源，在更高层次上实现优势互补。

6.2.1.2 加快培育新增长极，引导要素从北京—天津两极向其他区域转移

长期以来，河北中部由于缺乏大城市，导致该区域人口与生产要素大量流向北京、天津两个城市，在加剧北京、天津“大城市病”的同时，也削弱了河北的内生发展动力。通过培育雄安新区这一新的区域增长极，使之成为北京的“反磁力中心”，可促进全国和世界范围经济要素向雄安新区集聚，有效带动雄安新区周边区域的发展，进而推进京津冀空间格局的优化。

除雄安新区之外，京津冀城市群应在保定、沧州、邯郸、唐山等城市，选择一些具有区位优势和发展潜力的区县作为战略性功能区，通过打造制造业发展平台，改善投资环境，吸引产业聚集。

6.2.1.3 扩大城市规模，增加市场需求，优化空间布局，构建合理城镇体系

京津冀城市群规模结构存在明显“断层”，城市规模较小，造成河北省内许多城市的人口承载力与集聚能力都较弱，进一步导致市场规模较小。研究表明，制造业会更倾向集中于市场需求较大的地区，未来应重点推动邢台、保定、邯郸、沧州、廊坊等城市的规模化发展，扩大市场需求，同时借助这些城市相对低廉的劳动力成本，增强这些节点城市的要素集聚能力，进一步加速制造业在这些城市的规模化发展。此外，以县城建设为重点，提高制造业和人口转移的综合承载能力，建设高品质的新型中小城市，实现县域经济与县城建设良性互动。

6.2.1.4 以人才集聚带动科研水平提升，加快释放制造业创新发展内生动力

技术研发能力是促进京津冀城市群制造业集聚发展的根本影响因素之一，人才是提升技术研发能力的主要手段，京津冀城市群要加快以人为核心的综合配套改革，破除制约人全面发展的体制机制障碍，完善聚才、引才、用才机制，优化和拓展人才服务项目。实行更加积极、开放、

有效的人才政策，聚焦未来产业发展，谋划建设国际人才自由港、外国人才小镇，加快会聚全球高端科技人才和创新领军人才。实施知识更新工程和技能提升行动，优化市属高校和职业教育学校专业学科设置，加强创新型、应用型、技能型人才培养，壮大高水平工程师和高级技能人才队伍。在京津沪广深杭等创新人才会聚的城市谋划建设一批人才飞地，实施飞地引才行动。发挥京津人才集聚优势，在城市群内其他城市继续实施“周末专家”计划。充分发挥京津创新资源集聚优势，协同推动原始创新、技术创新和产业创新，合力打造京津冀科技创新共同体，推进“京津雄”科创新三角建设，走“科创+产业”道路，不断提升京津冀城市群制造业在全球价值链中的位置，为城市群高质量一体化发展注入强劲内生动能。

6.2.1.5　加快推进以交通设施为主体的基础设施一体化建设，促进区域联系

交通运输条件的改善既能加快生产要素在各城市之间的高效流动，又能吸引国内外其他区域的生产要素在城市群投资建设。通过完善城市群内的高速公路路网、修建城际铁路、扩大通用机场规模等方式，缩小京津冀城市群13座城市之间的空间距离，通过近距离“高速公路”、中距离“城际铁路”、远距离“高速铁路”、城市群外围“空铁联运”等方式，加密城市群内部以及城市群与外界城市的关联度。

此外，依托秦皇岛北戴河新区、唐山曹妃甸区、天津滨海新区、沧州渤海新区等战略性功能区的开发建设，加强津冀沿海港口规划与建设的协调，优化配置区域港口资源，加强港城互动，促进临港开发区与城市的有机融合。

6.2.2　京津冀城市群内各城市制造业协同发展对策

6.2.2.1　北京——以总部经济为引领的现代制造业发展基地

北京的城市功能定位决定北京的制造业需要以高端、科技、集约为

发展原则，在去除传统制造业存量的基础上，做精增量。

（1）以疏解带动制造业结构重组优化布局

推动不符合首都功能定位的一般制造业企业动态调整退出，高效利用一般制造业腾退的空间和土地集中资源发展高精尖产业项目。保留一定规模的重要应急物资和城市生活必需品生产能力。推动区域性专业市场动态清零，鼓励发展便民服务综合体。持续巩固区域性物流中心疏解成效。

增强“三轴”节点城市产业配套。依托产业发展轴带，加强保定、唐山、张家口、承德、沧州等区域节点城市要素集聚，推动创新链、产业链、供应链协调联动，增强产业配套能力。沿京津走廊，打造科技研发转化、高端制造业发展带。沿京保石走廊，打造先进制造业发展带，强化北京创新资源与保定产业发展结合，推动产业协作项目落地，提升装备制造、生物医药、节能环保等合作水平。沿京唐秦走廊，打造产业转型升级发展带，共建唐山曹妃甸协同发展示范区，推进首钢京唐二期等项目建设。突出张承地区生态屏障和水源涵养功能，加快北京张北云计算产业基地建设，发挥“科技冬奥”带动作用，推动节能环保、新能源汽车等领域合作。支持北京沧州渤海生物医药园、北京现代四工厂等重大项目，巩固完善产业链协同

加强制造业供给侧结构性改革，培育制造业总部经济。破除先进制造业发展障碍，加快布局建设产业创新平台、中试生产服务平台、试验验证平台、示范应用平台。支持朝阳、海淀、丰台、石景山落地先进智造业企业总部和研发、中试环节，适度发展占地少、附加值高、科技含量高、生态环保的制造环节，支持平原新城利用腾退工业用地布局高端制造。鼓励制造业企业推广大规模个性化定制、柔性化生产、网络协同制造、远程运维服务、众创众包等虚拟生产、云制造新模式。

（2）打造更具活力的高精尖产业

按照“稳住二产、发展高端、加强融合”的思路，坚持产业基础高级化、产业链现代化，大力发展战略性新兴产业，推动高端制造业和现代服务业深度融合，筑牢以实体经济为根基的高精尖经济结构，塑造具有全球竞争力的“北京智造”“北京服务”。

强化发展智能制造高端制造。以智能制造为重要着力点，以智能化装备为重要基础，以智能工厂为主要形态，以智能化产品为重点突破，以智能化服务为延伸拓展，深度推进产业模式和企业形态根本性转变，形成一批具有国际影响力的先进制造产业集群。大力发展新一代信息技术产业，聚焦5G、人工智能、大数据、云计算、物联网、区块链等基础领域，培育一批具有核心技术主导权的龙头企业。重点发展集成电路产业，以设计为龙头，以装备为依托，以通用芯片、特色芯片制造为基础，打造集成电路产业链创新生态系统，支持先进工艺、制造材料等一批突破性项目以及高端装备等自主可控项目建设。

做大做强医药健康产业，培育以生物医药产业带动大健康制造与服务配套发展的产业集群，聚焦新药、新器械、新服务等细分产业方向，推进生物医药与健康产业协同发展。重点建设全球健康产业创新中心、概念验证型和中试型孵化器，创建一批具有国际水平的研究型病房和研究型医院。实施高端医疗器械基地创建工程，实施新药产业化工程。

加快发展新能源智能网联汽车产业，培育能源汽车产业集群，聚焦新能源汽车研发、制造和服务全价值链环节，支持形成一批生态主导型龙头企业。加快新能源高端车型量产，实施汽车生产线智能化建设，在车载基础软件、车载计算平台、车载感知元器件、车联网等核心技术领域落地一批产业化项目，培育一批独角兽企业，形成津冀地区智能网联汽车产业集群。

打造绿色智慧能源产业。以智慧能源为范式，以氢能全链条创新为突破，聚焦新能源技术装备产业化，打造绿色智慧能源产业集群。推进智能微网、现代能源互联网、柔性直流电网建设。围绕燃料电池产业链上下游，探索构建电氢能源体系，加快推进先进适用储氢材料产业化。建设氢能高端装备产业园、燃料电池发动机生产基地和国际氢能示范区。搭建清洁能源供应链金融服务平台，推动供应链生态拓展和增值。

注重培育量子信息、新材料、人工智能、卫星互联网、机器人等未来产业，加强新技术、新产品、新业态和新模式的研发与探索。建设未来技术创新研究院和未来技术成果转化中心。加快布局量子计算、量子通信、量子精密测量等重点细分产业。实施新材料产业链强基行动，建设新材料技术中试基地。鼓励企业开展AI芯片、高端传感器等人工智能细分领域应用，建设国家高端仪器和传感器产业基地。优化“南箭北星”空间布局，聚焦无人机、卫星、火箭、地面终端、定位服务等细分领域，积极吸引航天产业链上下游企业在京研发生产。打造国家北斗创新应用综合示范区，建设北斗产业创新中心，培育全链条全流程的复合型“北斗+”集成业态，孵化北斗时空智能企业，打造未来空天产业集群。建设工业机器人产业基地，集聚一批机器人核心部件、智能工厂解决方案等领域领先企业，实现专业隐形冠军企业集群式发展，自主品牌工业机器人实现规模化量产。

此外，北京同样需要持续巩固产业基础能力，加快基础智造工艺、元器件等技术攻关，培育核心零部件、高端装备制造、新型都市工业。打造更具规模化的高端装备制造基地，支持复杂结构件数控加工中心、五轴加工中心建设。发展航空装备产业，建设航天精密光机电产业园。建设大型工程、列车运行控制系统等轨道交通装备特色园区和前沿创新中心，形成具有国际竞争优势的轨道交通装备产业集群。填补大型水下系统和作业装备等高端海洋工程装备的空白，打造国家级海洋装备研发生产基地。同时，积极发展3D打印、模具制造等新型都市工业。

6.2.2.2 天津——创新发展环境，推动“天津制造”走向“天津智造”

天津的劳动力成本与制造业的集聚呈现出正向相关关系，基于这种发展背景，天津需要进一步坚持创新驱动发展，完善产业核心技术体系，大力完善人才机制建设。借鉴中关村、深圳等地先进经验，在技术创新、产业发展、成果转化和载体建设等方向进行改革，形成有利于技术创新和企业发展、各种生产要素和创新资源集聚的发展环境，加速国内外创新资源在津聚集。在推动“天津制造”走向“天津智造”的过程中，加强对产业核心技术标准的研制，提高技术、产品、工艺与国内外标准。加强产学研合作，鼓励大学、科研院所和企业之间建立密集的交流、合作网络，让企业、大学有机会互相了解各自专业领域。针对天津制造业集聚与外部性呈现负相关的联系、制造业产业链条仍然较短的问题，下一步制造业发展有必要加快优质产业要素聚集，培育产业集群，对标德国工业4.0建设标准。

（1）推动京津冀协同发展，打造创新平台和新增长极

按照生态优先、产业集聚、资源节约、城产融合、区域协同的原则，推动京津冀城市群制造业协同发展。调整传统制造业布局，谋划新兴制造业布局，依托京津高新技术产业带和临海先进制造产业带，着力发展海洋装备、新一代信息技术、新能源汽车、生物医药、石油化工等产业，加快产业集聚发展。京津高新技术产业带，积极承接北京非首都功能疏解，着力发展新一代信息技术、航空航天、新能源汽车、新材料、生物医药等新兴产业。

（2）全面构建现代工业产业体系

立足全国先进制造研发基地定位，围绕产业基础高级化、产业链现代化，以智能科技产业为引领，着力壮大生物医药、新能源、新材料等新兴产业，巩固提升装备制造、汽车、石油化工、航空航天等优势产业，加快构建“1+3+4”现代工业产业体系，推动冶金、轻纺等传统产业高端化、绿色化、智能化升级，打造制造强市。

大力发展智能科技产业。加快发展以人工智能产业为核心，高水平建设国家新一代人工智能创新发展试验区；以新一代信息技术产业为引领，大力发展集成电路、高性能服务器、网络安全设备、可穿戴设备等，推动操作系统、数据库、中间件、办公软件等领域研发创新，不断向产业前沿和高端领域迈进，打造具有较强国际影响力的新一代信息技术产业高地；以信创产业为主攻方向，建设创新孵化体系完善、网络基础设施先进、应用场景智慧丰富、核心产业集群汇聚、可控的5G产业生态，打造全国一流5G城；以新型智能基础设施为关键支撑、各领域深度融合发展的新兴产业，加快建设“天津智港”。

培育壮大新兴产业，巩固提升化学药和现代中药优势，加快培育生物药、高端医疗器械、智慧医疗与大健康等新兴产业。扩大锂离子电池产业优势，壮大风电产业规模，强化太阳能产业集成，加快氢能产业布局，打造全国新能源产业高地。

做精做强优势产业，聚焦研发设计、高端制造、系统集成和服务等

核心环节，壮大智能装备产业，提升发展轨道交通装备产业，着力打造海洋装备产业集群，形成一批具有国际竞争力的高端产品。坚持电动化、网联化、智能化发展方向，大力发展节能和新能源汽车、智能网联汽车，提升关键零部件本地配套率，鼓励产业间跨界融合，增强产业国际化水平。围绕精细化、绿色化、智能化，优化提升传统化工，提高炼化一体化水平，大力发展烯烃深加工、高端精细及专用化学品，拉长产业链，推动产业结构优化和转型升级。重点发展飞机关键配套协同、直升机研制维修应用、无人机研发制造应用、火箭和航天器等四个领域，全面提升产业智能化水平和创新能力，构建集研发、制造、维修、服务于一体的产业体系。

提升发展传统产业，坚持精品、高端路线，加快调整优化产品结构，打造优特钢棒线材、高端板材、高端无缝管等一批高技术含量、高附加值产品，推动生产过程智能化、生产模式绿色化，延长产业链、修复生态链，打造与城市共生的发展模式，推动产业迈向高端。顺应消费升级需求，以高端化、品牌化为主线，大力发展食品、自行车、手表、工艺美术、日用化学品、纺织服装等优势行业，焕发“老字号”品牌活力，培育一批国际知名的天津制造品牌。

6.2.2.3 承德——大数据、清洁能源与特色智能制造为骨架的多元化制造业发展格局

承德属于资源型城市，随着资源产业的逐渐衰败，同时受到交通运输条件约束和市场规模较小的限制，制造业在近年来基本处于停滞的状态。承德市首先需要加快完善交通基础设施建设，提升物流发展水平，为制造业发展提供基础保障。

（1）深化与京津合作

巩固与京津合作成果，推进协同发展向深度广度拓展，推动区域合作从事务性合作转向政策性对接、从局部性合作转向整体性发展、从阶段性合作转向制度性安排。积极承接北京非首都功能疏解，围绕北京疏解企业清单，打造承接平台，加强承接指导，落实合作项目，推动在智能装备制造、科技成果孵化等领域达成一批合作成果，实现与北京合作

迈上新台阶。巩固与天津各区的结对帮扶关系，加强与天津重点部门、重点区域对接交流，重点对接天津龙头企业，加快推动在设施农业、生物制药、装备制造、科技研发等领域的制造业落地发展。

（2）培育壮大三大新型制造业

准确把握构建新发展格局的新趋势新机遇，聚焦5G、物联网、区块链等新一代信息技术，培育壮大大数据、清洁能源、特色智能制造三大支撑产业，推动产业链、创新链、服务链、人才链相互贯通，加速形成经济增长新优势。

坚持以绿色数据存储为基础，以国家新型工业化（大数据）产业示范基地为依托，以承德数据智能研究院等公共服务平台为支撑，推动大数据产业向数据清洗、分析、挖掘、应用以及软件开发等方面全面拓展，打造“京津冀大数据走廊”核心支撑城市。发挥清洁能源优势，积极构建清洁能源直供电体系，重点发展磁存储、光存储等绿色存储技术，提高存储效能和安全性能。加快5G网络、物联网、工业互联网、人工智能等新型基础设施建设，以新型基础设施建设带动新技术、新业态、新模式和新消费。延伸产业链条，着眼大数据全产业链发展，着力培养专业人才，加速集聚数据应用企业，加快向服务外包、软件开发、数据运维、智能终端、电子竞技、结算中心等行业延伸发展。加速产业融合，运用5G、区块链等新一代信息技术，构建工业互联网体系，实施“上云用数赋智”行动，推动大数据产业与装备制造、清洁能源、绿色食品等产业加速融合，为传统产业赋智赋能。

充分发挥资源优势，大力推进风电、光伏发电、抽水蓄能、核电、生物质、地热能、油母页岩等清洁能源多种方式开发利用。同时，积极开发利用风能、太阳能等清洁能源，打造京津冀清洁能源输送基地和国家级清洁能源产业基地。探索“清洁能源＋钒储能＋大数据＋微电网”相融合的发展模式，建成一批创新融合发展示范项目。

以数字化、网络化、智能化为方向，依托发展较为成熟的仪器仪表、智能输送装备等特色智能制造产业、人才技术优势，健全完善创新体系，强化工业设计赋能创新发展，促进传统装备向智能制造、单一产品向产业链配套、单纯生产制造向生产制造服务集成转变。提升产业智能化水平，加快推动物联网、人工智能等新一代信息技术与制造业深度融合，提升产业数字化、智能化、绿色化制造水平。推动生产方式向柔性化、智能化、精细化转变，加快个性化定制、远程运维等新业态、新模式培育和推广。强化产业创新体系建设，围绕产业链部署创新链，聚焦智能仪器仪表测控装备、汽车及汽车零部件、柔性智能输送装备等重点领域，瞄准产业链迈向中高端的关键短板和技术缺失，加强关键核心技术攻关，推进创新产品“迭代”应用。

综合而言，承德在今后的发展中要聚焦推动产业集群化发展，着力建链、补链、强链、延链，围绕上下游技术联合、分工协作、协同配套，着力打造中国仪器仪表城、中国智能输送装备基地、汽车及汽车零部件集群、新兴装备制造基地等产业集群。

6.2.2.4 张家口——以新能源产业为依托的现代制造业发展基地

张家口的制造业在近年的发展中主要受到对外开放程度与政策环境改善的正向影响，外来资本和固定资产投资的增加都会促进张家口制造业的集聚，投资对于张家口的制造业发展作用显著。张家口制造业在今后的发展中，应该扩大招商引资力度，大力推动制造业相关的固定资产投资。

（1）纵深推进产业协同发展

加强京张供应链协作配套，强化供应链安全管理，推进供应链智能化，协同打造跨界融合、共享共生的京张供应链。加强京张区域产业互联、政策互通、资源共享、平台共建、场景共用，加快培育“研发总部+制造基地”高精尖产业集群，协同打造高质量产业链创新链。主动参与京津冀科技成果转化项目库建设，研究制定京张科技创新合作行动计划，创新一批科技创新鼓励政策，积极探索科技创新合作模式，加快构建区域要素服务链条，推动共建土地、人才、数据、产权、资金、技术等一体化区域要素市场。

（2）做优做强现代制造业

做大做强实体经济，保持制造业在经济结构中的重要地位，积极打造国家级高端装备制造业基地，加强打造汽车制造集群，以吉利整车、沃尔沃发动机制造项目为纽带，引进知名汽车整车及零部件制造企业。持续推动工程机械制造智能化、模块化发展，加快发展智能型工程机械，提高工程机械产品市场竞争力。积极培育航空制造，聚焦无人机整机研发生产，延伸发展无人机零部件加工制造环节，建成一批“无人机+”试点示范项目，打造首都西北部无人机示范基地。推进制造业数字化转型，深化制造业与互联网融合发展。在此基础上，积极培育其他制造，注重新材料、公共安全与应急装备等制造业的发展。

（3）积极培育新能源与大数据产业

张家口应依托丰富的风能与光照资源，大力发展光电、风电相配套的装备制造业，同时完善上下游产业链条，促进新能源产业的发展。此外，张家口紧邻北京，是享受北京技术外溢红利的主要城市之一，张家口可以依托开阔的土地资源优势，为北京大数据建设提供充足的空间，从而进一步发展大数据相关的产业集群、产业园区，为张家口的制造业转型升级开拓新的方向。

6.2.2.5　秦皇岛——以港口经济为依托的装备制造业发展基地

秦皇岛在发展技术密集型、资源密集型和资本密集型制造业方面均具有较强的竞争优势，在今后应进一步将制造业重点布局在北戴河新区，加强资本吸入，扩大港口园区及相关配套基础设施建设，依托港口优势，以资源密集型产业为制造业基础，不断丰富关联产业建设，扩大黑色金属冶炼和压延加工业、有色金属冶炼和压延加工业、汽车制造、非金属矿物制品业等产业集群的发展。

（1）加快建设制造强市

加快推动制造业扩总量、增规模、提效益，加快推进传统制造业高端化、智能化、绿色化变革。大力发展智能制造，促进全市装备制造业向产业数字化、生产智能化、产品高级化、布局基地化方向发展。围绕产业链延伸和附加值提升，重点推进主体装备大型化、生产过程绿色化、全流程控制智能化、产品高端化、产业布局合理化、企业规模大型化，打造特优普产品全覆盖并向装备配套、绿色建筑、消费用钢延伸拓展压延产业链条集群。发挥临近原料基地、深水良港和消费市场等综合优势，围绕原料基地化、产业规模化、加工精细化、特色品牌化，重点发展豆制品加工、杂粮加工、小麦加工、玉米深加工、葡萄酒酿造、肉类果蔬加工等产业，做大产业集群影响力，打造中国北方重要的粮油食品加工基地、服务京津的绿色食品供应基地。围绕规模化、高端化、融合化、品牌化、绿色化发展，打造绿色建筑及节能环保集群。以新兴电子产品为基础，以应用型电子产品和智能终端产品为核心，提升电子产品制造业的数字化、网络化和智能化水平。积极研发柔性线路板、高阶高密度连接板等产品，扩大在手机、电脑、消费性电子产品等领域的应用。不断夯实实体经济发展根基，打造具有全国影响力的先进制造基地。

（2）大力发展港口经济

积极发展新兴海洋产业，聚焦海洋交通运输、海洋高端装备制造、海洋文化旅游、海洋养殖、海洋生物医药、海洋科研、智慧海洋等领域，推进涉海创新链、产业链、供应链协同发展，建设一批海洋经济领域科技创新公共服务平台、培育一批海洋经济龙头企业，着力建设带动力强的海洋优势产业集群，打造全国现代海洋产业基地。完善口岸服务功能，提升口岸开放水平。全力推进北戴河机场航空口岸正式对外开放，加快推进秦皇岛综合保税区建设，支持发展现代物流、跨境电子商务、服务外包、检测维修、保税租赁、国际中转、配送、采购、转口贸易等保税服务，打造对外开放新高地和全市经济发展的新引擎。

6.2.2.6 沧州——以资源密集型产业为依托的重化工制造业基地

沧州的制造业特点较为明显，主要集中在资源密集型的石油加工炼焦和核燃料加工业、橡胶和塑料制品业、非金属矿物制品业、金属制品业等产业。此外，在化学纤维制造、化学原料和化学制品制造业、通用设备制造、专用设备制造以及电气机械和器材制造方面也具有一定优势。沧州虽然紧邻天津，在承接天津传统制造业转移方面具有一定的区位优势，但是劳动力成本和物价水平的上涨都不利于这些低技术制造业的发展。因此在今后的发展中，沧州应依托渤海新区建设，扩大资源型产业及其上下游产业的发展，提升各类制造业的科技研发水平，从而加速制造业的集聚。

（1）积极培育京津冀产业转移升级和协同创新发展示范区

依托沧州渤海新区、沧州经济开发区、河间国家再制造产业示范基地、明珠商贸城和明珠国际服装生态新城、东光经济开发区五大平台及各县（市）特色产业承接平台，加快完善配套设施，持续放大汽车及零部件制造、生物医药、时尚服装服饰等产业聚集带动效应，积极拓展激光制造、高端装备、新能源、新材料等高端产业对接转移。加快实施创新驱动发展战略，加强与京津及雄安新区技术研发合作，精准打造一批协同创新共同体，促进科技成果转化，以跨区域优势产业链和创新链助推沧州产业转型升级，打造京津冀产业转移升级和协同创新发展示范区。

（2）打造跨区域优势产业链、供应链、创新链

依托全市制造业门类齐全、产业基础雄厚、配套能力较强等优势，推进产业有效分工和合理布局双促进，开辟产业链、供应链、创新链多链融合的协同合作新路径。围绕绿色化工、汽车及零部件制造、生物医药、时尚服装服饰、智能制造、新一代信息技术等基础较好的重点领域，着力增强配套生产能力，提升加工制造水平，与京津共同构建从研发设计到孵化转化、从总部经济到生产基地、从整机组装到零部件制造等多种形式的产业链条。围绕产业链布局创新链，加快培育“研发总部+制造基地”高精尖产业集群，协同打造具有全球竞争力的产业链、创新链。强化与京津供应链的协同，围绕龙头企业、核心产品、关键环节，运用现代电子商务技术，加强供应链协作配套，强化供应链安全管理，全面融入京津冀供应链生态圈。

（3）放大优势产业集聚效应

在做强生物医药产业方面，以北京、天津生物医药产业园及石家庄四药为合作平台，争取延伸异地监管范围，推动京津医药制剂、医疗器械、保健品等产业向沧州转移，延长医药产业链条，推动生物医药产业进入更全面、更深入的协同发展。在做优服装服饰产业方面，以明珠商贸城、明珠国际服装生态新城为合作平台，引导支持国内国际服装服饰领域顶级机构和资深设计师加强与沧州对接合作，为时尚服装服饰产业提供设计、版型、加工、销售等全产业链服务，实现优质资源互利共享，做大做强沧州品牌。在做大汽车及零部件制造产业，以北京现代沧州工

厂、北汽新能源（黄骅）产业基地为平台，进一步加强与京津汽车产业合作，加快推动京津汽车产能及新能源生产线向沧州转移，打造华北地区重要的汽车全产业链生产基地。

6.2.2.7 保定——京津冀城市群技术密集型制造业发展新基地

保定市位于石家庄与北京之间的中心地带，既是两市转移的主要承接地，同时又紧邻两个巨大的市场，制造业发展具有得天独厚的优势。近年来，拥挤效应对于保定制造业的集聚起到显著的推动作用，说明市场需求旺盛能够促进制造业的集聚。

（1）加快促成京保一体化发展新格局

大力推动北京创新成果转化，围绕全面建设京津冀协同创新共同体，强化与北京优质、前沿创新资源的对接合作，促进更多北京的科技成果在保定转化。充分发挥基础较好、地缘相近的优势，着力加强与央企、科研院所的对接合作，与北京共建一批技术转移机构、专业化众创空间和新型科研机构。支持涿州、高碑店等县市与北京共建科技创新基地。建设大院大所大学科技成果转移转化区，带动形成“北京研发设计、保定产业化制造”的协同创新格局。

积极推进与北京主导产业链配套发展，瞄准北京市未来高精尖产业，推进与北京主导产业链协同配套，建立京保产业内循环机制，吸引更多北京的科技创新成果解化转化。在新能源和智能网联汽车领域，重点围绕高效发动机、先进自动变速器、高性能动力电池等环节与北京形成配套，在先进储能领域，积极吸引北京先进储能技术在保定实现成果转化。在装备制造业领域，重点承接北京航空航天、轨道交通、海洋工程、通信设备等产业疏解。在人工智能领域，深化传感器生产制造、机器人智能装备组装等方面区域产学研合作，围绕5G技术、无人驾驶等开放更多人工智能应用场景。在大数据与工业互联网领域，积极对接北京龙头企业，建设一批区城新型数据中心、云计算应用服务基地，打造北京数据服务基地。在生物医药领域，重点推动北京中医药、生物医药企业向保定转移生产基地。在食品加工领域，重点在饮料和水果制品、面包和糕点、餐饮和调味品等领域与北京积极建立合作关系。

（2）建设雄安协同保障高地

全力服务保障雄安新区建设，探索与雄安新区的常态化对接协作机制，与雄安新区协同联动共构区域发展新优势，精心谋划布局现代版的雄保“双城记”。共同构建现代产业体系，聚焦新一代信息技术、生命科学和生物技术、新材料等未来产业，形成“雄安研发设计、保定生产制造”优势互补、互利共赢的产业链和创新链。

（3）培育壮大优势及新型制造业

打造优势产业链群，重点支持新能源和智能网联汽车产业向世界级产业集群跨越发展。以打造“保定·中国汽车城”为牵引，坚持自主研发与引进合作相结合，强化自主品牌、坚持错位发展，扩大优势车型和关键核心汽车零部件产能，加快新能源汽车、智能网联汽车等新产品研发和上市步伐。拓展高端装备制造业发展新优势，在高档数控机床、轨道交通、航空航天、卫星应用、专用成套装备领域，培育一批创新型龙头企业，形成一批高端装备制造产业集群。做大做强轨道交通装备产业，以满城轨道交通产业园、硬铁轨道交通产业园等为载体，以整车制造为核心，带动上下游产业链集聚，重点发展车辆零部件配套、机电系统等产业链环节，建设先进轨道交通装备产业集群，做大做深航空航天装备产业。重塑电力智造产业竞争优势，重点发展光电、风电、输变电和智能电网设备。

此外，保定要借助制造业强市的发展基础，立足已有优势制造业，积极培育新兴产业，壮大发展新一代信息技术产业。以应用电子设备、软件与信息技术服务、云计算、大数据及物联网为重点，形成新一代信息技术的集群和规模优势。做强新材料产业，重点发展磁记录材料、热敏材料、高性能膜材料、合金材料等具有一定规模和优势的新材料，培育提升碳化硅、碳纤维、石墨烯、3D打印材料等具有一定基础和发展潜力的新材料。提升发展节能环保产业，以节能环保材料、节能环保装备、节能环保服务和资源循环利用为发展重点，推动绿色制造和低碳经济快速发展。

（4）改造提升传统主导制造业

深入推进食品、纺织服装、绿色建材三大传统主导产业升级发展，推动特色产业集群提质升级，打造一批具有全国较高知名度的特色制造业基地。依托特色农产品资源优势和毗邻京津高端市场的区位优势，积极承接首都食品企业的加工、制造环节转移，加速推进和提升高碑店新发地项目建设。以绿色食品、方便食品、休闲食品、保健食品为发展方向，大力发展乳制品、酒类、粮油加工、肉禽加工、方便食品、调味品、果蔬加工等食品加工业。紧抓北京疏解非首都功能机遇，坚持高端化、品牌化、集聚化、集群化发展思路。支持纺织服装产业兼并重组提升规模，转型升级提质增效。加速推进传统建材行业技术改造和产品升级。加速推动建筑业转型升级，大力推广建筑智能化、装配化和绿色建造等新型建造方式。以节能门窗、新型环保涂料、防火保温材料、新型墙体材料为重点，加强技术创新和新产品开发。大力发展无机非金属材料，有重点、分层次引导建材企业淘汰落后产能。

6.2.2.8 石家庄——先进制造业与现代服务业融合发展高地

研究表明，交通条件的改善、制造业产业链条的完善对于石家庄的制造业集聚有明显的促进作用。但是，由于近年来石家庄对于传统劳动密集型产业的疏解，以及高附加值制造业的发展并未成熟等原因的叠加，造成石家庄的制造业发展与市场需求呈现负向关系。

（1）深化产业协同合作

主动参与京津冀产业链分工，积极培育一批“研发总部+制造基地”跨区域高精尖产业集群，协同打造一批高新技术产业链。主动承接京津商贸金融、科技服务、总部经济、文化创意、健康养老等功能外溢，建设一批区域总部和服务中心。

（2）对接支持雄安新区高标准高质量建设

积极推进雄安协作区建设，深化与雄安新区在新一代信息技术、现代生命科学与生物技术、新材料和高端服务业等领域的对接合作，加强产业链协同，共同打造产业发展联盟。探索建立“雄安研发+石家庄孵化转化”模式，积极承接雄安新区科研成果转化。支持各县（市、区）与雄安新区优势产业耦合对接，打造一批协作配套基地。推动中国（河北）自由贸易试验区正定片区与雄安片区在制度创新、开放发展、产业合作等方面协调联动。

（3）推动制造业产业迭代升级，加快建设现代产业体系

大力实施“石家庄智造”工程，以数字、创新、绿色赋能产业高质量发展，做大做强“4+4”现代产业。做大做强优势产业，强化以卫星导航及位置服务、现代通信、新型显示、LED及应用和集成电路为代表的新一代信息技术产业；以生物医药、现代中药、医疗器械和康复器具和生命健康为代表的生物医药健康产业；积极发展航空产业、轨道交通、新能源汽车、专用设备和智能装备为代表的先进装备制造业。

（4）推动先进制造业和现代服务业融合发展

积极培育“两业”融合新模式新业态，推动制造业企业业务流程再造、商业模式及业态创新，加快原材料企业向产品和专业服务解决方案提供商转型，消费品工业企业加快发展规模化、个性化定制，装备制造企业向系统集成和整体解决方案提供商转型。打造产业融合发展载体平台，以主导制造业发展为引领，创新产业融合新业态，拓展服务制造新领域，延伸服务新链条，完善优化园区产业生态圈。积极创建国家级人力资源服务产业园。大力发展融合型企业，在产品集成度、生产协作度较高的领域，培育一批处于价值链顶部、具有全产业链号召力和国际影响力的龙头企业，在技术相对成熟、市场竞争充分的领域，培育一批创新能力和品牌影响力突出的行业领军企业，提升平台型企业和机构综合服务效能。开展先进制造业与现代服务业融合试点，支持行业骨干企业和成长性企业探索“两业”融合新模式、新路径，培育建设一批试点示范企业，支持有条件的地区，开展区域融合发展试点，在创新管理方式、完善工作机制和创新用地、统计、市场监管等方面先行先试。

6.2.2.9　廊坊——京津冀城市群技术密集型制造业承接试验区

廊坊的制造业发展基础较好，由于紧邻北京、天津两市，在承接两市制造业转移，在承接两市人口、技术、资本外溢方面具有显著的区位优势。

（1）全面推进区域协同创新

加强与北京市亦庄开发区、中关村科技园区等密切对接，通过异地

共建、“飞地”园区、区域托管等模式，形成京津冀协同创新共同体，重点在中试孵化环节、制造环节和配套服务环节实现与北京的创新协同发展，加速形成“京津研发，廊坊孵化转化产业化”格局。加快推进京南国家科技成果转移转化示范区、环首都现代农业科技示范带等协同创新战略平台建设，打造京津科技成果孵化转化首选地。

深入对接京津创新源头，精准对接引进京津科技创新资源、科技成果和科技企业，吸引知名孵化器在廊坊设立分支机构，吸引京津企业、高校、科研院所设立研发机构、中试基地和成果产业化基地。不断探索协同制度创新。建设有利于京津科技资源聚集、新型产业落地和成果转化的引领型省级协同创新基地，畅通京津科技成果转移转化渠道。

（2）加快推动北三县与通州区一体化联动发展

加强产业协同发展，依托燕郊高新区、三河经开区、大厂高新区、香河经开区，共建一批国家实验室、企业技术中心、技术创新中心、科技企业孵化器、科技成果中试熟化基地、专业化技术转移机构，培育一批高新技术企业，提升协同创新能力，重点打造燕郊北部科学城、中国人民大学文化创意产业园、香河高铁商务区等承接平台，落地实施一批产业项目。促进产业联动，聚焦新一代信息技术、高端装备制造、节能环保、生物健康、高端服务业、文化旅游、都市农业等七大领域，精准高效承接非首都功能疏解，重点推动在中试孵化、制造和配套服务环节实现产业协同分工，主动融入北京城市副中心产业链、创新链、供应链。

（3）推进制造业高质量发展

加快发展新一代信息技术产业，重点发展新型显示、大数据、通信终端设备、软件及信息技术服务四大领域。大力发展高端装备制造业，持续深化高端装备制造业行业分工，重点发展智能制造、航空航天、汽车及零部件、机械及成套设备等四大领域。发展壮大生物医药与大健康产业，重点发展生物医药、医疗辅材、医疗健康三大领域，促进生物医药健康产业集群发展。支持传统产业提质升级，全面推进技术创新、产品创新、生产过程创新，积极引导传统产业企业加大研发投入力度，以智能、绿色、质量、安全等为重点，引进新技术、新工艺、新设备，提升产品性能、质量及附加值，加快传统产业转型升级。不断拓展延伸产业链，探索个性化、数字化和智能化服务供给，促进传统产业技术进步和提质增效。

6.2.2.10 唐山——钢铁产业转型示范区

唐山作为资源型城市，黑色金属冶炼和压延及其相关联的制造业发展基础深厚。但是研究发现，由于全国钢铁产业都存在产能过剩的情况，产业链前端的黑色金属冶炼和压延产业的市场规模在向科技化、高端化、精细化转变，传统的粗放式加工业已经不能满足市场需求，为了进一步巩固唐山传统制造业发展优势，唐山在今后的发展中需要不断扩大供给侧改革，加大对于黑色金属冶炼和压延产业、金属制品业等传统制造业的科技研发投入力度，提升产品的科技化水平。此外，完善配套工业园区建设，扶持传统制造业上下游产业的发展，进一步做好高铁装备制造业的发展，打造唐山动车城建设。

（1）加快融入京津冀协同发展

加快打造产业协作高地，以京冀曹妃甸和津冀（芦汉）协同发展示范区为龙头，以曹妃甸石化产业基地、京唐智慧港、玉田老字号产业园、滦南大健康产业园、迁安生物医药和健康应急产业园等一批特色“微中心”，吸引京津项目“组团式”进驻，打造京津产业转移的重要承载地。

服务对标雄安新区建设，深化技术创新、产业发展、港口物流等领域对接合作，积极引导市内优秀企业主动对标雄安质量、雄安标准、雄安需求，推动更多“唐山制造”参与雄安新区建设，打造雄安新区科技创新成果转化和加工制造基地。

（2）加快发展现代产业体系，培育高质量发展新动能

深入推进制造强市、质量强市、网络强市、数字唐山建设，推动产业高端化、绿色化、智能化、融合化发展，构建战略布局合理、产业链条完整、创新迭代活跃的现代化产业体系，提高经济质量效益和核心竞争力，加快建设环渤海地区新型工业化基地。

着力推进产业结构调整。做优精品钢铁、现代商贸物流、高端装备制造、海洋“四大支柱”产业，深入实施支柱产业提升工程，加快建设世界一流精品钢铁产业基地、具有国际竞争力的现代商贸物流基地、特

色鲜明的高端装备制造基地和全国有影响力的海洋产业基地。做强现代化工、新型绿色建材、新能源与新材料，聚焦高端化、集群化、基地化、绿色化发展导向，强化标准引领和品牌塑造，促进优势产业向全产业链和价值链高端迈进，打造世界一流的绿色石化基地、世界一流的能源储备基地、中国北方新型绿色建材产业基地。做大现代应急装备、节能环保、生命健康、数字“四大新兴”产业，实施战略性新兴产业集群发展工程，实现新兴产业扩量提速、占比提升。

6.2.2.11　邯郸——着力打造专用设备制造业强市

邯郸作为资源型城市，在资源密集型、资本密集型和技术密集型制造业的发展方面具有一定优势。前文研究发现，外部性、技术研发能力的提升对于促进邯郸制造业集聚效果显著，邯郸在今后应该充分利用资源优势，加大制造业的技术研发能力，提升高附加值制造业的集聚与发展。

（1）加强协同发展和区域合作

发挥京津冀协同发展和中原经济区两大国家战略交汇区优势，借势雄安新区开发建设机遇，加强协同发展和区域合作，拓展高质量发展路径，强化区域中心城市地位。

对接京津推进“四地一中心”建设。紧抓京津冀协同发展重大国家战略，充分发挥邯郸经济技术开发区、冀南新区等省级重点承接平台作用，鼓励以“园中园”等模式，加快建设成安北方阀门产业园、邱县食品产业园、肥乡京津新材料产业园、冀南新区中电子产业园经济开发区氢能产业园等一批协作京津、链条互补的特色产业园区、产业集群，有效承接先进装备制造、食品加工、生物技术等京津产业转移。

抓住雄安新区大规模建设有利契机，促进装配式建筑、新型建材、新材料、新能源、安防应急等方面的产品配套、产业对接和项目延伸。借力北京大批研发机构和高等教育机构向雄安疏解，推进“雄安建设、邯郸配套”联动发展。加强与雄安新区在科技成果转化和产业孵化等方面的高效衔接。支持邯郸工业设计中心、冀南新区科创园、肥乡区颐高产业园等工业设计、科技孵化园区建设。推进与邢台同城化发展，与唐山产业协同发展，加强与秦皇岛和沧州等港口城市物流配套协作。

（2）建设现代制造业体系，打造高质量发展冀南标杆

加快提升优势制造业，推进钢铁产业向全球产业链、价值链、供应链中高端迈进。推动装备制造由零部件加工配套为主向成套整机装备转型，由设备制造为主向制造服务转型。以粮油精深加工产品、绿色方便休闲食品、家庭厨房食品、优质酒和饮料、功能保健食品5大优势产品为重点，着力打造粮油加工、食品加工和辣椒及食品加工3大产业集群。推动产品高端化、品牌化、多元化，不断提高优势制造业发展能级和核心竞争力。

聚焦新材料、新能源、生物健康三大战略性新兴产业，深入实施创新驱动发展战略，高起点、高水平、规模化打造战略性新兴产业集群，成为引领制造业向中高端迈进的主力军、高质量绿色崛起的驱动器、转型升级的新引擎。

6.2.2.12　邢台——以新能源汽车为依托的新兴产业发展基地

扩大市场规模、促进技术研发能力提升、加强对外开放水平都能显著提升邢台制造业集聚。但是目前研究表明，市场需求更多促进的是传统劳动密集型制造业的发展，邢台的资源型产业以及其上下游关联产业的发展明显受到了抑制。

（1）借力京津打造高质量赶超发展动力源

打造京津中高端制造业转移承接地，加强与京津园区、企业、科研机构等对接合作，及时跟踪了解各类市场主体和先进要素等转移流动趋势，吸引承接更多高端制造项目和科技成果产业化项目。积极参加北京“科博会”，组织举办京邢对接合作洽谈会、民营经济项目洽谈会、邢台投资环境和产业招商项目推介会等重大活动，加强宣传推介，承接一批引领性、带动性、示范性强的重大项目。

建立与雄安新区产业联动机制，深化与雄安新区产业链、创新链、资金链、政策链对接协作，高起点谋划建设雄安新区产业协作平台，高标准引进与雄安新区关联配套产业项目，承接雄安新区相关创新成果转化项目，打造与雄安新区产业协作发展优选地。开展与雄安新区城市规

划建设和管理服务对标行动，积极采用现代技术、全新理念和工匠精神，推进智慧城市建设。全方位借鉴雄安新区国际人才引进、创新成果转化激励、利用外资等政策，共同承办商贸会展、人才技术交流活动，协同推进开放创新发展。

全面对接沿海地区发展，依托邢台内陆港、邢台保税物流中心等，加强与秦皇岛、唐山和沧州地区港口深度合作，加快与海港城市的联动，完善公铁海多式联运体系，打造宁陕晋冀鲁东出西联的重要枢纽。加强与秦皇岛、唐山和沧州产业合作，探索临港配套产业联动发展、海关特殊监管区合作共建新模式，以高端智能装备、国际物流产业等为重点，共同打造跨区域优势互补的产业集群。

发挥地处冀中南地区中心的区位优势，强化与省内其他城市联系。与石家庄重点发展生物医药、新材料、数字经济等产业。与邯郸共建高端装备、健康食品、信息技术等新兴产业链，共促钢铁、自行车等传统特色产业转型升级，形成优势互补、协调联动的发展局面。

（2）加快制造业增量提质，建设中高端制造业集聚城市

持续推动传统制造业转型升级，促进钢铁、建材、化工、纺织服装等传统产业高端化、智能化、绿色化转型。鼓励传统优势企业加快装备改造升级，优化工艺技术，淘汰落后工艺和技术设备，实施装备创新工程，鼓励首台（套）装备和重大通用装备跨领域首次推广使用，推动关键领域技术装备达到国际国内先进水平。加快产品提档升级，以工业设计为突破口，加大精品钢铁、新型建材、精细化工、高档服装产品等高附加值产品的开发力度，推动产品标准提升和升级换代。围绕产业数字化关键环节，支持制造业数字化项目建设，加快智能模块、工业软件、管理系统的集成，推动研发、设计、生产、销售、流通全链条数字化转型。执行更加严格的质量、环保、能耗、水耗、安全等标准，支持高耗能、高污染企业实施节能环保、清洁生产、资源综合利用等技术改造，加快传统制造业绿色化转型。支持骨干制造企业发展专业化服务，加快培育与工业生产相配套的特色生产性服务业，促进服务型制造业发展，不断延伸产业链、提升价值链。积极培育新技术、新产品、新业态、新模式。

大力发展新型产业，做大做强装备制造产业，以加快装备制造业转型升级为目标，推动装备制造业向精深加工领域拓展、向整机终端产品迈进。发展壮大健康食品产业，依托优质农业基础和加工转化优势，进一步发展壮大方便食品、休闲食品，跨越发展高端乳制品，积极开发功能性食品，加快食品产业转型发展。优化提升新能源产业，巩固提升太阳能发电装备，积极发展太阳能光热利用设备，加快培育新型储能设备，不断完善新能源产业链条，着力推进太阳能产品的应用示范。积极培育生物医药产业，充分发挥中药材特色产品优势区的合作优势，发展壮大现代中药，扶持发展生物制药，积极开发医疗器械及康复器具，加快生物制造技术研发和推广应用，建设成河北省重要生物医药基地。

6.2.2.13　衡水——加快资源密集型和劳动密集型制造业的产业集群发展

衡水的外部性、技术研发能力对于促进制造业集聚效果显著，今后应该加大吸引外资，提升技术研发能力，支持高附加值制造业的集聚与发展。

（1）深化产业对接协作

立足京津冀协同发展新阶段，推动产业对接从“承接”向“合作”转变，共同打造区域产业链。借助京津丰富的产业和技术资源，改造提升传统优势产业向高端化、智能化、绿色化发展，发展壮大一批优势特色产业集群。加强与京津科研院所和京津企业的合作，加快京津技术在衡水的孵化转化，大力发展信息智能、生物医药健康、新能源、新材料等战略新兴产业。依托高新区、滨湖新区、现代农业园区以及雄安—故城产业生态城等一批特色产业园区，发挥比较优势，搭建特色产业合作平台，积极承接京津产业转移和科技成果转化，形成与京津互为补充、互为支撑的新型产业集群

（2）着力构建现代制造业产业体系

推动制造强市建设，改造提升传统制造业链条。围绕丝网、工程橡胶、复合材料、食品加工、生物医药等产业，依托优势行业领军企业和特色产业集群，推进产业链分级管理，推行“链长制”，完善产业链全景图，将各产业龙头企业培育为“链主”企业，加强产业链上下游企业产

业协同，建设各具特色的专业化园区，提升制造业优势特色产业综合竞争力，聚焦先进装备制造、新材料、食品及生物制品三大主导产业，加强精准分析和顶层设计，加快突破制约发展的关键共性技术、核心技术和系统集成技术，以成套设备、整机产品、核心组件为发展重点，推进一批重大装备产业化，推动企业由装备制造商向综合解决方案提供商转变，实现先进装备智能化、集聚化、品牌化、链条化、绿色化、服务化发展。

参考文献

[1] Abdel-Rahman H M. When Do Cities Specializes in Production? [J]. Regional Science and Urban Economics, 1996, 26(1): 1-22.

[2] Acemoglu D, Johnson S, Robinson J A. Reversal of Fortune: Geography and Institutions in the Making of the Modem World Income Distribution [R]. NBER Working Paper, No. 8460, 2001.

[3] Amiti M. New Trade Theories and Industrial Location in the EU: A Survey of Evidence [J]. Oxford Review of Economic Policy, 1998, 14(2): 45-53.

[4] Anthony J Venables. Equilibrium Locations of Vertically Linked Industries [J]. International Economic Review, 1996, 37(21): 341-359.

[5] Bade F J, Nerlinger E A. The spatial distribution of new technology-based firms: Empirical results for West-Germany [J]. Papers in regional science, 2000, 79(2): 155-176.

[6] Barro R J. Inequality and Growth in a Panel of Countries [J]. The Journal of Economic Growth, 2000, 5(1): 5-32.

[7] Batisse C. Dynamic externalities and local growth: A panel data analysis applied to Chinese provinces [J]. China Economic Review, 2002, 13(2/3): 231-251.

[8] C Cindy Fan, Allen J Scott. Industrial Agglomeration and Development: A Survey of Spatial Economic Issues in East Asia and a Statistical Analysis of Chinese Regions [J]. Economic Geography, 2003, 79: 295-310.

[9] Coffey William. The geographies of producer services [J]. Urban Geography, 2000, 21(2): 170-183.

［10］ Cheng W, Yang X. Inframarginal analysis of division of labor: A survey ［J］. Journal of Economics Behavior & Organization, 2004, 55（2）: 137-174.

［11］ Combes P P. Economic Structure and Local Growth: France, 1984—1993［J］. Journal of Urban Economics, 2000, 47(3): 329-355.

［12］ Damodar N Gujarati, Dawn C Porter. 计量经济学基础［M］. 5版. 中国人民大学出版社, 2015: 597-608.

［13］ Deichmann U, Kaiser K, Lall S V, et al. Agglomeration, Transport, and Regional Development in Indonesia［R］. Policy Research Working Paper, 2005.

［14］ Dicken P, Kelly P F, Olds K, et al. Chains and networks, territories and scales: towards a relational framework for analysing the global economy ［J］. Global Networks, 2010, 1(2): 89-112.

［15］ Dumais G, Ellison G, Glaeser E L. Geographic Concentration As A Dynamic Process［C］//National Bureau of Economic Research, Inc, 2002, 84(2): 193-204.

［16］ Duranum G, Huber J. Is the Division of Labour Limited by the Extent of the Market? Evidence from French Cities［J］. Journal of Urban Economics, 2011, 69(1): 56-71.

［17］ Hoover E M. Location Theory and the Shoe and the Leather Industries ［M］. Cambridge: Harvard University Press, 1937.

［18］ Ellison Glaeser. The geographic concentration of industry: does natural advantage explain agglomeration［J］. AEA Papers and Proceedings, 1999, 89(2): 311-316.

［19］ Ellison Glaseser. Geographic concentration in U.S. manufacturing industries: a dartboard approach［J］. Journal of Political Economy, 1997, 105 (5): 889-927.

［20］ Fujita M. Towards the new economic geography in the brain power society［J］. Regional Science and Urban Economics, 2007, 37（4）: 482-490.

[21] Fujita M, Thisse J F. Economics of Agglomeration: Cities, Industrial Location, and Regional Growth [M]. Cambridge: Cambridge University Press, 2002.

[22] Ge Y.Globalization and industry agglomeration in China [J]. World Development, 2009, 37(3): 550–559.

[23] Johannes Glückler. Economic geography and the evolution of networks [J]. Econ Geogr, 2007, 7(5): 619–634.

[24] Hanson G H, Xiang C. The Home Market Effect and Bilateral Trade Patterns [J]. American Economic Review, 2004, 94(4): 1108–1129.

[25] Helpman E. The Mystery of Economic Growth [M]. Cambridge(Massachusetts): Belknap Press of Harvard University, 2004.

[26] Keedble D, Offord J, Walker S. Peripheral Regions in a Community of Twelve Member States [C]. Commission of European Communities, 1986.

[27] Kelly A, Tim B, Ian M, et al. Economic Interrelationships and impacts of the aviaion/aerospace industry in the state of florida using input-output analysis [J]. International Journal of Aviation, Aeronautics, and Aerospace, 2015, 2(3): 1–58.

[28] Khanal B, Gan C, Becken S. Tourism inter-industry linkages in the Lao PDR economy: an input-output analysis [J]. Tourism Economics, 2014, 20(1): 171–194.

[29] Kim S H, Pickton, T S, Gerking S. Foreign direct investment: agglomeration economicies and returns to promotion expenditures [J]. Review of Regional Studies, 2003, 33(1): 61–72.

[30] Kim S. Expansion of markets and the geographic distribution of economic activities: the trends in U.S. regional manufacturing structure, 1860—1987 [J]. Quarterly Journal of Economics, 1995, 110(4): 881–908.

[31] Kim Y, Barkley D, Henry M. Industry characteristics linked to establishment concentrations in non-metropolitan areas [J]. Journal of Regional Science, 2000, 40(2): 231–259.

[32] Kobayashi K, Okumura M. The growth of city systems with high-speed railway systems [J]. The Annals of Regional Science, 1997, 31(1): 39-56.

[33] Kolko J. Urbanization, Agglomeration, and Coagglomeration of Service Industries [M] //A chapter in Agglomeration Economics. Chicago: University of Chicago Press, 2010: 151-180.

[34] Krugman P. Increasing returns and economic geography [J]. Journal of Political Economy, 1991b, 99(3): 483-499.

[35] Krenz A. Services Sectors' Agglomeration and its Interdependence with Industrial Agglomeration in the European Union [J]. Center for European, Governance and Economic Development Research Working Paper, 2010, 107(6): 1-20.

[36] Lucas R E. On the Mechanics of Economic Development [J]. Journal of Monetary Economics, 1988, 22(1): 3-42.

[37] Maillat D. A New International Division of Labor in Europe: Outsourcing and Offshoring to Eastern Europe [J]. Journal of European Economic Association, 2006, 4(2-3): 612-622.

[38] Markusen J R, Venables A J. Foreign direct investment as a catalyst for industrial development [J]. European Economic Review, 1999, 43(2): 335-356.

[39] Maskell P, Kebir L. What qualifies as a Cluster Theor? Frederiksberg, Denmark, Danish Research Unit for Industrial Dynamics [R]. DRUID Working Paper, 2005.

[40] Midelfart K H, Overman H G, Redding S J. The Location of European Industry [M]. Economic Papers 142. European Commission, 2000.

[41] Miles R E, Snow C C, Meyer A D, et al. Organizational strategy, structure, and process [J]. Academy of Management Review, 1978, 3(3): 546-562.

[42] Miller H J. Necessary space-time conditions for human interaction [J]. Environment & Planning B Planning & Design, 2005, 32(3): 381-401.

[43] Moretti E. Human capital externalities in cities [M] //HENDERSON J V, THISSE J F. Handbook of Regional and Urban Economics. North Holland: Elsevier, 2004: 2243–2291.

[44] Neffke F, Henning M, Boschma R, et al. The Dynamics of Agglomeration Externalities along the Life Cycle of Industries [J]. Regional Studies, 2011, 45(1): 49–65.

[45] Ng F Y, Tuan C. Spatial agglomeration, FDI, and regional growth in China: Locality of local and foreign manufacturing investments [J]. Journal of Asian Economics, 2006, 17(4): 691–713.

[46] Prestwich R, Taylor P. Introduction & urban policy in the United Kingdom [M] .London: Longman Group UK Limited, 1990: 53–68.

[47] Puga D, Venables P A J. The Spread of Industry: Spatial Agglomeration in Economic Development [J]. Journal of the Japanese and International Economies, 1996, (10): 440–464.

[48] Redding S. Specialization Dynamic [J]. Journal of International Economics, 2002, 58(2): 299–334.

[49] Reilly W J. Methods for the Study of Retail Relationships [J]. University of Texas Bulletin, 1929(2944): 1–9.

[50] Richardson G B. The Organization of Industry [J]. The Economics Journal, 1972, 82(327): 883–896.

[51] Franke R, Kalmbach P. Structural change in the manufacturing sector and its impact on business-related services: an input-output study for Germany [J]. Structural Change & Economic Dynamics, 2005, 16(4): 467–488.

[52] Rodan P N. Problems of Industrialization of Eastern and South-eastern Europe [J]. The Economic Journal, 1943, 53(210/211): 202–211.

[53] Romer P M.Increasing returns and long-run growth [J]. The economics journal, 1989, 14(3): 1002–1037.

[54] Rosenthal S S, Strange W C. Geography, Industrial Organization, and Agglomeration [J]. The Review of Economics and Statistics, 2003, 85(2):

377-393.

[55] Esteban R H. A Spatial Theory of Trade [J]. The American Economic Review, 2005, 95(5): 1464-1491.

[56] Park S H, Chan K S. A cross-country input-output analysis of intersectoral relationships between manufacturing and services and their employment implications [J]. World Development, 1989, 17(2): 199-212.

[57] Smith A. Spatial Division of Labor [J]. International Encyclopedia of Human Geography, 2009, 9(1): 348-354.

[58] Steier L, Greenwood R. Newly created firms and informal angel investors: A four-stage model of network development [J]. An International Journal of Entrepreneurial Finance, 1999, 1(2): 147-167.

[59] Storper M, Venables A J. Buzz:face-to-face contact and the urban economy [J]. Journal of Economic Geography, 2004, 4(4): 351-370.

[60] Storper M, Walker R. The theory of labour and the theory of location [J]. International Journal of Urban and Regional Research, 1983, 7(1): 1-43.

[61] Sturgeon T, Van Biesebroeck J, Gereffi G. Value chains, networks and clusters: reframing the global automotive industry [J]. Journal of Economic Geography, 2008, (5): 297-321.

[62] Taylor P J. Specification of the World City Network [J]. Geographical Analysis, 2001, 33(2): 181-194.

[63] Taylor P J, Derudder B, Hoyler M, et al. New regional geographies of the world as practised by leading advanced producer service firms in 2010 [J]. Transactions of the Institute of British Geographers, 2013, 38(3): 497-511.

[64] Togo K, Arikawa Y. Agglomeration effects versus policy effects: the case of the electronics industry in Malaysia [J]. Asian Economic Journal, 2002, 16(3): 229-245.

[65] Traistaru I, Nijkamp P, Longhi S. Regional Specialization and Concentration of Industrial Activity in Accession Countries [J]. ISER Working Pa-

per, 2002.

[66] Walker G, Kogut B, Shan W. Social Capital, Structural Holes and the Formation of an Industry Network [J]. 1997, 8(2): 109–125.

[67] Walker G. Netscape: Cities and Global Corporate Networks [J]. Rotterdam: ERIM and Haveka Publishers, 2009: 123–145.

[68] Wernerfelt B. A. resource-based view of the firm [J]. Strategic Management Journal, 1984, 5(2): 171–180.

[69] Woodward D P. Locational determinants of Japanese manufacturing start-ups in the united states [J]. The Southern Economic Journal, 1992, 58 (3): 690–708.

[70] Wooldridge J M. Econometric analysis of cross section and panel data [M] //Solutions manual and supplementary materials for Econometric analysis of cross section and panel data. MIT Press, 2010.

[71] Yang X, Shi H. Specialization and Product Diversity [J]. The American Economic Review, 1992, 82(2): 392–398.

[72] Yeung W C. The Firm as Social Networks: An Organisational Perspective [J]. 2005, 36(3): 307–328.

[73] 安树伟，张晋晋. 2000年以来我国制造业空间格局演变研究 [J]. 经济问题，2016(9)：1–6.

[74] 安景文，李松林，梁志霞，等. 产业结构视角下京津冀都市圈经济差异测度 [J]. 城市问题，2018(9)：48–54.

[75] 白重恩，杜颖娟，陶志刚，等. 地方保护主义及产业地区集中度的决定因素和变动趋势 [J]. 经济研究，2004(4)：29–40.

[76] 鲍超，陈小杰. 中国城市体系的空间格局研究评述与展望 [J]. 地理科学进展，2014，33(10)：1300–1311.

[77] 陈才，周先冬，富望龙. 基于互联网大数据的制造业企业高质量发展评价指标体系及方法研究：以重庆上市企业为例 [C]. 2018年(第六届)全国统计建模大赛论文集，2018：161–186.

[78] 陈国生，张亨溢，赵立平，等. 比较优势和竞争优势对地区制造业转移的影响 [J]. 经济地理，2018，38(9)：168–175.

［79］ 陈建，史修松．产业关联、行业异质性与生产性服务业发展［J］．产业经济研究，2008(6)：16-22.

［80］ 陈建军，胡晨光．产业集聚的集聚效应：以长江三角洲次区域为例的理论和实证分析［J］．管理世界，2008(6)：68-83.

［81］ 陈建军．中国现阶段产业区域转移的实证研究：结合浙江105家企业的问卷调查报告的分析［J］．管理世界，2002(6)：64-74.

［82］ 陈良文，杨开忠．地区专业化、产业集中与经济集聚：对我国制造业的实证分析［J］．经济地理，2006(12)：72-75.

［83］ 陈林，朱卫平．广东省产业转移的发展现状与特征［J］．国际经贸探索，2010，26(1)：24-28.

［84］ 陈曦，席强敏，李国平．制造业内部产业关联与空间分布关系的实证研究［J］．地理研究，2015，34(10)：1943-1956.

［85］ 陈曦，朱建华，李国平．中国制造业产业间协同集聚的区域差异及其影响因素［J］．经济地理，2018，38(12)：104-110.

［86］ 陈曦，朱建华．制造业产业关联对产业间协同集聚的影响［J］．社会科学战线，2018(2)：257-261.

［87］ 陈宪，黄建锋．分工、互动与融合：服务业与制造业关系演进的实证研究［J］．中国软科学，2004(10)：65-71，76.

［88］ 陈耀，陈钰．我国工业布局调整与产业转移分析［J］．当代经济管理，2011，33(10)：38-47.

［89］ 初玉岗．制造业与工业化中期的经济发展战略［J］．经济学家，2003(5)：4-10.

［90］ 崔小娜．中国20个制造行业产业集聚发展趋势：基于EG指数的实证分析［J］．经济研究导刊，2013(30)：35-37.

［91］ 邓新波．产业集聚与中国制造业区域转移：基于新经济地理学分析［J］．国际经济合作，2013(12)：82-85.

［92］ 樊艳云．北京市产业结构的历史回顾及现状分析［J］．经济研究导刊，2009，33(71)：132-134，150.

［93］ 丁焕峰．珠三角城市制造业聚集与分工研究［J］．城市发展研究，2010(8)：45-50.

[94] 樊长科，林国彬．集聚外部性、技术进步与区域产业增长：来自广东省制造业的证据［J］．华东理工大学学报，2014(5)：46-54.

[95] 范剑勇．市场一体化、地区专业化与产业集聚趋势［J］．中国社会科学，2004(6)：39-51.

[96] 范剑勇．长三角一体化、地区专业化与制造业空间转移［J］．管理世界，2004(11)：77-84，96.

[97] 冯剑．京津冀城市群生产性服务业与制造业协同集聚的机理和效应研究［D］．北京：中共中央党校，2018.

[98] 高传胜，李善同．中国生产者服务：内容、发展与结构：基于中国1987—2002年投入产出表的分析［J］．现代经济探讨，2007(8)：68-72.

[99] 高虹．中国制造业空间分布特征及其变化：全球化、经济集聚和经济政策［J］．上海商学院学报，2019，20(3)：3-15.

[100] 谷景祎，周廷刚，郭丽敏．基于断裂点理论与加权Voronoi图的京津冀地区城市影响范围研究［J］．地理与地理信息科学，2014，30(1)：65-69.

[101] 关伟，满谦宁，许淑婷．辽宁省制造业及其关联行业集聚格局与效应分析［J］．地理研究，2019，38(8)：1979-1992.

[102] 关伟．辽宁沿海经济带成长中的经济与环境协调问题［J］．辽宁师范大学学报(自然科学版)，2013(3)：423-428.

[103] 郝晴．有色金属行业对关联行业的影响分析：基于2007年投入产出表［D］．长沙：中南大学，2013.

[104] 郝寿义，安虎森．区域经济学［M］．北京：经济科学出版社，2004：256-257.

[105] 何佳霖，宋维玲．海洋产业关联及波及效应的计量分析：基于灰色和投入产出模型［J］．海洋通报，2013，32(5)：586-594.

[106] 贺灿飞，潘峰华，孙蕾．中国制造业的地理集聚与形成机制［J］．地理学报，2007(12)：1253-1264.

[107] 贺灿飞，谢秀珍，潘峰华．中国制造业省区分布及其影响因素［J］．地理研究，2008，27(3)：623－635.

[108] 贺灿飞，谢秀珍．中国制造业地理集中与省区专业化［J］．地理学报，2006(2)：212-222.

[109] 河北省发展和改革委员会宏观经济研究所课题组．河北省推进京津冀协同发展研究［J］．经济研究参考，2018(15)：3-25.

[110] 胡安俊，孙久文．中国制造业转移的机制、次序与空间模式［J］．经济学(季刊)，2014，13(4)：1533-1556.

[111] 胡纯广，王仲智，杨光，等．基于引力模型的淮海经济区空间格局研究［J］．资源与产业，2019，26(6)：92-98.

[112] 黄桂田，徐昊．中国钢铁的产业关联效应及国际比较：基于投入产出表的研究［J］．经济问题，2018(11)：1-8.

[113] 金浩，刘肖．京津冀地区生产性服务业与制造业的协同定位［J］．中国科技论坛，2019(10)：118-127.

[114] 金利霞，李郇，曾献铁，等．广东省新一轮制造业产业空间重组及机制研究［J］．经济地理，2015(11)：101-109.

[115] 金煜，陈钊，陆铭．中国的地区工业集聚：经济地理、新经济地理与经济政策［J］．经济研究，2006(4)：79-89.

[116] 李博雅．基于修正引力模型的山西省城市经济联系分析［J］．经济问题，2018(7)：122-128.

[117] 李杰．区位基尼系数与地区产业分布：以江苏为例的考察［J］．华东经济管理，2015，19(1)：4-7.

[118] 李宁，韩同银．京津冀生产性服务业与制造业协同发展实证研究［J］．城市发展研究，2018，25(9)：16-22.

[119] 李鹏飞．京津冀制造业转移路径及调控研究［D］．天津：天津理工大学，2019.

[120] 李世杰，胡国柳，高健．转轨期中国的产业集聚演化：理论回顾、研究进展及探索性思考［J］．管理世界，2014(4)：165-170.

[121] 李武军，黄炳南．基于偏离—份额分析法的中部地区产业结构研究［J］．经济经纬，2010(6)：25-29.

[122] 李晓峰，郑秉坤．"一带一路"背景下中国与美国金融生产性服务业产业关联问题研究［J］．长安大学学报(社会科学版)，2018，20

(3): 68-75.
[123] 梁琦.中国工业的区位基尼系数:兼论外商直接投资对制造业集聚的影响[J].统计研究,2003(9):21-25.
[124] 刘宏曼,郎郸妮.京津冀协同背景下制造业产业集聚的影响因素分析[J].河北经贸大学学报,2016,37(4):104-109.
[125] 刘继生,陈彦光.分形城市引力模型的一般形式和应用方法[J].地理科学,2000(6):528-533.
[126] 刘杰.山东省西部产业结构趋同研究[J].经济地理,2013,33(9):101-106.
[127] 刘力,张健.珠三角企业迁移调查与区域产业转移效应分析[J].国际经贸探索,2008,24(10):74-79.
[128] 刘淑姗.中国制造业产业集聚现状及其影响因素分析[D].天津:天津师范大学,2018.
[129] 刘晓欣,胡晓,周弘.中国旅游产业关联测算及宏观经济效应分析:基于2002年与2007年投入产出表视角[J].旅游学刊,2011,26(3):31-37.
[130] 刘鑫,毛熙彦,贺灿飞.区域对外交通设施与制造业布局的关系研究[J].铁道运输与经济,2015(10):74-79.
[131] 刘友金,肖雁飞,廖双红,等.基于区位视角中部地区承接沿海产业转移空间布局研究[J].经济地理,2011,31(10):1686-1691.
[132] 卢根鑫.国际产业转移论[M].上海:上海人民出版社,1997:49.
[133] 陆大道.京津冀城市群功能定位及协同发展[J].地理科学进展,2015,34(3):265-270.
[134] 陆大道.国土开发与经济布局的"T"字型构架与长江经济带可持续发展[J].宏观经济管理.2018(11):43-47,55.
[135] 罗勇,曹丽莉.中国制造业集聚程度变动趋势的实证研究[J].经济研究,2005(8):106-115.
[136] 马国霞,石敏俊,李娜.中国制造业产业间集聚及产业间集聚机制[J].管理世界,2007(8):58-65.
[137] 马明.我国汽车产业的产业关联及效率演进研究[D].长春:吉林

大学，2012.
[138] 马歇尔.经济学原理(上册)[M].北京：商务印书馆，2001.
[139] 毛艳华，易中俊.广东省制造业集聚趋势的实证分析[J].产经评论，2012(1)：355-372.
[140] 沈能，赵增耀，周晶晶.生产要素拥挤与最优集聚度识别：行业异质性的视角[J].中国工业经济，2014(5)：83-95.
[141] 石灵云，殷醒民，刘修岩.产业集聚的外部性机制：来自中国的实证研究[J].产业经济研究，2007(6)：1-7.
[142] 石敏俊，杨晶，龙文，等.中国制造业分布的地理变迁与驱动因素[J].地理研究，2013，32(9)：1708-1720.
[143] 宋彤彤.北京制造业生产质量评价研究[D].北京：首都经济贸易大学，2018
[144] 宋洋.广东省制造业空间布局的演变研究[D].长春：吉林大学，2019.
[145] 苏东水.产业经济学[M].北京：高等教育出版社，2015：235.
[146] 孙晶，李涵硕.金融集聚与产业结构升级[J].经济学家，2012(3)：80-86.
[147] 孙久文，胡安俊.产业转入、转出的影响因素与布局特征：基于中国城市四位数制造业的分析[J].南开学报(哲学社会科学版)，2013(5)：97-104.
[148] 孙久文.区域经济学[M].北京：首都经济贸易大学出版社，2008：43.
[149] 孙久文，姚鹏.京津冀产业空间转移、地区专业化与协同发展：基于新经济地理学的分析框架[J].南开学报(哲学社会科学版)，2015(1)：81-89.
[150] 唐晓华，陈阳，张欣钰.中国制造业集聚程度演变趋势及时空特征研究[J].2017(5)：172-181.
[151] 王欢芳，李密，宾厚.产业空间集聚水平测度的模型运用与比较[J].统计与决策，2018，34(11)：37-42.
[152] 王惊雷，李在军.基于基尼系数空间分解的江苏省经济发展差异

分析 [J]. 地域开发与研究, 2017, 36(3): 12-15.
[153] 王莉莉, 肖雯雯. 基于投入产出模型的中国海洋产业关联及海陆产业联动发展分析 [J]. 经济地理, 2016, 36(1): 113-119.
[154] 王业强, 魏后凯. 产业特征、空间竞争与制造业地理集中: 来自中国的经验证据 [J]. 管理世界, 2007(4): 68-77.
[155] 王妤, 蔺雪芹. 京津冀一体化背景下北京制造业时空演化特征及疏解方向 [J]. 人文地理, 2016, 131(5): 63-70, 132.
[156] 王政. 长江中游城市群先进制造业的选择与评价研究 [D]. 武汉: 武汉理工大学, 2018.
[157] 魏后凯. 现代区域经济学 [M]. 北京: 经济管理出版社, 2017: 157.
[158] 文枚. 中国工业在区域上的重新定位和聚集 [J]. 经济研究, 2004(2): 84-94.
[159] 吴爱芝, 孙铁山, 李国平. 中国纺织服装产业的空间集聚与区域转移 [J]. 地理学报, 2013, 68(6): 775-790.
[160] 吴三忙. 产业关联与产业波及效应研究: 以中国旅游业为例 [J]. 产业经济研究, 2012(1): 78-86.
[161] 吴学花, 杨蕙馨. 中国制造业产业集聚的实证研究 [J]. 中国工业经济, 2004(10): 36-43.
[162] 徐康宁, 冯春虎. 中国制造业地区性集中程度的实证研究 [J]. 东南大学学报(哲学社会科学版), 2003(5): 37-42.
[163] 徐维祥, 张筱娟, 刘程军. 长三角制造业企业空间分布特征及其影响机制研究: 尺度效应与动态演进 [J]. 地理研究, 2019, 38(5): 1236-1252.
[164] 许学强, 周一星, 宁越敏. 城市地理学 [M]. 北京: 高等教育出版社, 1997: 150-154.
[165] 许芸鹭, 雷国平. 辽中南城市群空间联系测度 [J]. 城市问题, 2018(11): 66-74.
[166] 闫小培, 钟韵. 区域中心城市生产性服务业的外向功能特征研究: 以广州市为例 [J]. 地理科学, 2005, 25(5): 537-543.
[167] 阎小培, 林锡艺, 黄谦. 90年代广东省产业结构变动趋向时空差异

分析 [J]. 经济地理，1998(3)：45-50.

[168] 颜廷标. 区域特质、产业分工定位与实现机理：以京津冀产业协同为例 [J]. 河北学刊，2018，38(3)：155-160.

[169] 杨洪焦，孙林岩，高杰. 中国制造业聚集度的演进态势及其特征分析：基于1988-2005年的实证研究 [J]. 数量经济技术经济研究，2008(5)：55-66.

[170] 张建磊，安娜，程隆棣. 中国纺织产业关联与产业波及效应的演化分析 [J]. 丝绸，2020，57(5)：68-74.

[171] 张杰裴，席强敏，孙铁山，等. 京津冀区域制造业分工与转移 [J]. 人文地理，2016，38(3)：95-101，160.

[172] 张可云. 区域大战与区域经济关系 [M]. 北京：民主与建设出版社，2001.

[173] 张祥，杜德斌. 省际工业分工合作及其空间联系研究-基于中部六省案例 [J]. 经济地理，2013，33(5)：89-97.

[174] 赵瑜嘉，贺灿飞，王伟凯. 基于偏移-份额模型的中国制造业空间格局变化解释 [J]. 地理与地理信息科学，2013，29(3)：76-81.

[175] 赵曌，石敏俊，杨晶. 市场邻近、供给邻近与中国制造业空间分布：基于中国省区间投入产出模型的分析 [J]. 经济学季刊，2012，11(3)：1059-1078.

[176] 钟韵，阎小培. 我国生产性服务业与经济发展关系研究 [J]. 人文地理，2003(10)：46-51.

[177] 周强. 文化创意产业关联机制和关联度的动态分析：基于灰色关联模型 [J]. 重庆理工大学学报（社会科学版），2013，27(8)：22-25.

[178] 周锐波，李晓雯. 广东省制造业空间格局演化及其影响因素研究 [J]. 人文地理，2017(2)：95-102.

[179] 朱江丽，李子联. 长三角城市群产业—人口—空间耦合协调发展研究 [J]. 中国人口·资源与环境，2015，25(2)：75-82.

[180] 邹滨. 制造业集聚与空间转移现状实证分析：以广东省为例 [J]. 内蒙古农业大学学报(社会科学版)，2012(1)：52-53.